Hermann Usener

Altgriechischer Versbau

Ein Versuch vergleichender Metrik

Hermann Usener

Altgriechischer Versbau
Ein Versuch vergleichender Metrik

ISBN/EAN: 9783743325975

Hergestellt in Europa, USA, Kanada, Australien, Japan

Cover: Foto ©Thomas Meinert / pixelio.de

Weitere Bücher finden Sie auf **www.hansebooks.com**

ALTGRIECHISCHER VERSBAU

EIN VERSUCH VERGLEICHENDER METRIK

VON

HERMANN USENER

BONN

VERLAG VON MAX COHEN & SOHN (FR. COHEN)

1887

SEINEM FREUNDE

REINHARD KEKULÉ

ZUM IX DECEMBER MDCCCLXXXVI

H. U.

Mein lieber freund, es ist ein guter theil unseres lebens, vielleicht der beste, den wir gemeinsam durchmessen haben; helle und trübe zeiten haben wir getheilt, und die wahrheit des spruchs

κρίνει φίλους ὁ καιρός, ὡς χρυσὸν τὸ πῦρ

hat sich mir an Deiner freundschaft bewährt. Deine wissenschaftliche thätigkeit, zu welcher Dir heute vor fünf und zwanzig jahren der ritterschlag ertheilt wurde, hat uns zuerst näher gebracht, ich habe seitdem nicht aufgehört im anregenden austausch mit Dir das glück des nehmens und gebens zu empfinden. Für das alles freut es mich heute Dir zu danken. Miss den kleinen versuch nach der gesinnung, mit der ich ihn Dir überreiche. Liegt der stoff Dir ferner, so ist Dir der gedanke der ihn durchdringt um so vertrauter: wir suchen beide das werden des schönen in der wandlung und umbildung der form zu begreifen.

Dein H. U.

Richard Bentley's glänzende entdeckung, dass in unserem Homertext ein in der überlieferung schon des classischen alterthums verschollener laut noch lebendig sei, hat der sprachgeschichtlichen forschung ein neues gebiet schöpferischer, die wand der bezeugten geschichte durchbrechender kritik eröffnet. Ueber ein jahrhundert vergieng, bevor die anerkennung des fundes durchdrang und die erkenntniss seiner tragweite aufgieng. Die wendung wurde herbeigeführt durch die geschichtliche betrachtungsweise der sprache, wie sie inzwischen in und von der sprachvergleichung ausgebildet war; und der aus den nationalen grammatikern und vor allem aus den inschriftlichen urkunden rasch sich ausdehnende überblick über die thatsachen der griechischen sprachgeschichte hat mit neuem stoff auch fruchtbare anregungen gebracht. Man konnte dazu vorschreiten, das wirrsal alter und junger parallelbildungen in der Homerischen laut- und formenlehre zu sichten und den versen auch in der gestalt, in welcher sie nach langer mündlicher fortpflanzung niedergeschrieben waren, die älteren von gesetz und geschichte der sprache geforderten formen abzulauschen. In regem wetteifer haben unter dem vortritt des altmeisters Immanuel Bekker hervorragende gelehrte wie H. L. Ahrens, G. Curtius, Leo Meyer, C. G. Cobet u. a., dann tiefgreifend und anregend, wie es seine grammatischen untersuchungen stets sind,

vorzugsweise A. Nauck diese aufgaben transcendentaler
sprachforschung und Homerkritik zu fördern gewusst.

Der gedanke musste nahe liegen, die ergebnisse
dieser forschungen zur herstellung eines ursprünglicheren
Homertextes zu verwerthen. Imm. Bekker zog die summe
vieljähriger beobachtungen in seiner zweiten ausgabe des
Homer (1858); unbeirrt durch den seiner zeit dem ge-
lächter verfallenen versuch des Engländers Rich. Payne
Knight führte er, so weit es irgend gieng, das digamma
auch in der schrift durch[1]. Auf einer erheblich breiteren
grundlage von beobachtungen ist die textbearbeitung A.
Nauck's (1874—9) aufgebaut; aus guten gründen verzichtet
er darauf den laut zu schreiben den das alterthum selbst
nicht las, aber sucht, so weit möglich, die formen herzustellen, welche der lebendige laut zu verlangen scheint.
Noch höhere ziele hat sich bekanntlich August Fick ge-
steckt.

Gegen solche Homerkritik ist nicht unberechtigter
widerspruch laut und lauter geworden. Und wie fast bei
allem streit hat der unbetheiligte zuschauer den schmerz,
von den gegnerischen parteien in der hitze des kampfs die
fragepunkte verschoben, recht und unrecht verkannt zu
sehn. In der that wird die durchführung erwiesener älterer sprachformen im Homertext vereitelt durch schwierig-
keiten, die für uns und für alle zeit unüberwindlich sind.

---

[1] Der verleger verkündete in einer buchhändlerischen anzeige
vom 1. juni 1858: 'Der herr herausgeber ... hat einen text ange-
strebt, der vor allen dingen übereinstimmt mit sich selbst. Dazu
hat er alle hülfsmittel nach möglichkeit gleichmässig benutzt, die
aus dem alterthum überlieferten wie die der neueren zeit eigenen,
die handschriften wie die ausgaben, die conjectur wie das
digamma'. Ich mag diese worte nicht untergehn lassen.

Sie sind durch die beschaffenheit der quellen unserer überlieferung von selbst gegeben. In den handschriften liegt
die vulgata des späteren alterthums vor uns; vom texte
des Aristarchos erfahren wir durch die scholien recht viel:
durch diese nachrichten und unter beihilfe von analogie-
schlüssen können wir hoffen auf dem grund der hand-
schriftlichen überlieferung allenfalls zu einer wiederherstel-
lung des Aristarchischen textes zu gelangen. Von den
voraristarchischen ausgaben haben wir nur vereinzelte, ver-
sprengte kunde, und häufig genug vermögen wir noch
heute uns zu überzeugen, dass jenseits Aristarchs wüstes
schwanken herrscht und ein fester boden nicht vorhanden
ist. Auf die urkundlichkeit Aristarchs nicht zu vertrauen
haben wir nur da berechtigten grund, wo eine uns be-
denkliche lesung für Aristarchos durch eine seiner analogetischen beobachtungen gefordert war[2]. Seiner strengen
urkundlichkeit scheint er, nach allem was wir sehen[3],
keinen augenblick untreu geworden zu sein. Aber sie war
eine andere als die unsere, und über den begriff von der
sprache, in dem er, das attische und gemeine griechisch
als einzigen maasstab an das Homerische anlegend, seine
beobachtungen formulierte, dürfen wir, ohne uns zu über-
heben, weit hinweg sehn. Nur wenn uns der gesammte
urkundliche apparat vorläge, über den Aristarchos verfügte,
würden wir in der lage sein, eine von ihm unabhängige

---

[2] in diesem sinne ist A. Nauck's einspruch gegen blinde ver-
ehrung des Aristarch völlig begründet, er selbst hat schon bei seiner
ersten äusserung (Mélanges gréco-rom. 3, 13 f.) sich eigentlich deutlich genug ausgesprochen.

[3] recht schlagend sind dafür gerade solche fälle wie der von
K. Brugman (Ein problem der Hom. textkritik und der vergl. sprach-
wissenschaft p. 2 f.) als angriffspunkt benutzte A 277.

und gewiss dem ursprünglichen erheblich nähere *recensio*
der Homerischen epen zu schaffen. So lernen wir nur in
vereinzelten fällen durch Didymeische scholien die hand-
schriftliche unterlage des alten meisters kennen, gerade
genug um uns wie durch eine thürspalte auf einen augenblick in sein arbeitszimmer schauen zu lassen, mehr nicht.
Es fehlen uns, von zufälligen einzelheiten abgesehn, geradezu alle voraussetzungen, um unseren Homertext auch
nur auf eine voraristarchische stufe zurückzuheben, ge-
schweige denn seine ursprüngliche vorpisistrateische gestalt wiederherzustellen. Diese aufgabe ist eine ideale,
nicht eine praktische forderung: undurchführbar wie sie
ist, bleibt sie gleichwohl bestehn. So gut wir nicht ab-
lassen durch tieferes eindringen die entstehungsgeschichte
dieser epen zu erforschen, auch wenn wir längst uns be-
schieden haben vielleicht kein einziges der einzellieder und
epyllien, aus denen die epischen körper zusammengewachsen, vollständig herauslösen zu können, eben so sehr bleibt
es eine pflicht der Homerischen kritik und sprachforschung,
mitzuwirken zur erkenntniss der ältesten schicht griechischer sprache, wie sie durch methodische beobachtung der
metrischen und grammatischen erscheinungen des Homertextes erschlossen werden kann und soll. Nur möge man
den unterschied nicht verkennen: auch die sichersten
schlüsse dieser art sind nicht, oder doch nur in sehr be-
schränktem umfang, praktisch verwerthbare ergebnisse für
unseren Homertext, sondern bleiben postulate für einen
ursprünglichen Homer, der uns unwiederbringlich ver-
loren ist.

Zudem gibt es einen einleuchtenden grund, der jeden
gedanken an consequente durchführung solcher sprach-
licher beobachtungen von vorn herein ausschliessen muss:
die altersverschiedenheit der bestandtheile, aus denen Ilias

und Odyssee zusammengesetzt sind. Die möglichkeit irgendwo eine ältere form wieder einzuführen kann allein nicht genügen um sie wahrscheinlich zu machen. Wir dürfen nicht einem jüngeren dichter, der die sprache seiner zeit einfliessen lässt, ältere formen aufzwingen. Wer bestimmt die grenzen? Der die sprachformen ermittelt und durch herstellung zu erproben bemüht ist, gewiss nicht; er wäre der letzte dazu; das bringt die natur seines geschäftes mit sich: sein fund gewinnt in dem maasse wahrscheinlichkeit, als dessen geltungsbereich sich ausdehnen lässt. So muss diese transcendentale kritik überall sündigen gegen das erste elementare verbot gesunder methode, nicht den dichter selbst verbessern zu wollen; und sie versündigt sich durch die consequenz ihres analogetischen verfahrens aus doppeltem grunde weit stärker als der vielgeschmähte Aristarch selbst. Was die analogie fordert, stellt sie durch conjectur her: Aristarch entnahm es seinen handschriften; für Aristarchos war der eine Homeros dichter der Ilias und Odyssee, und die sprachbeobachtung musste bis auf einzelne besonderheiten für beide epen gelten: dass der dichter viele waren, durch lange zeiträume getrennt, hat keiner unserer kritiker bezweifelt. Und hier ist die stelle, wo das missliche des verfahrens noch handgreiflicher wird. Zu den sichersten anzeichen der jüngeren schichten der ependichtung gehören ausser dem unvermögen selbständiger formprägung, wie es sich in den nachahmungen und entlehnungen verräth, die spuren eindringenden jüngeren sprachgebrauchs. Um die präcision analytischer untersuchungen im Homer zu erhöhen, kann es nicht genug solcher beobachtungen über ältere und jüngere sprachform geben: vereinzelte verstösse gegen das alte und echte gesetz heben nicht die möglichkeit auf, dass dieselben erst nachträglich auf dem langen wege der

überlieferung an stelle des ursprünglichen gesetzt sind;
erst die vereinigung vieler und verschiedenartiger beobachtungen gestattet einen sicheren schluss, der selbst der
analyse den weg zu weisen vermag. Aber solche anstösse
im texte selbst tilgen, heisst die wegweiser muthwillig zer-
stören, die glücklicher weise zahlreich genug geblieben
sind um uns in diesem noch immer etwas dunklen urwald
Homerischer untersuchungen zu leiten. Ich will ein beispiel geben. Ein grober stein des anstosses war seit
Bentley Z 289

αὐτὴ δ' ἐς θάλαμον κατεβήσετο κηώεντα,

ἔνθ' ἔσαν οἱ πέπλοι παμποίκιλοι, ἔργα γυναικῶν
290 Σιδονίων —
durch die doppelte vernachlässigung des digamma. Den
ersten verstoss aus dem text zu räumen schien nicht sicher
genug; Bekker wagte nach analogie von Theogon. 321
die vermuthung ἦν (für ἔ-αν), Nauck ἔνθα τ' ἔσαν; Fick
schreibt mit aeolischer psilosis οἱ, als ob dann der vers
glatter laufe. Um so sicherer und einmüthiger war man
in der entfernung des zweiten anstosses: schon bei Bekker
steht im texte πέπλοι, παμποίκιλα ϝέργα γυναικῶν Σιδ.;
Fick hat das etwas verbessert, indem er v. 290 nebst den
weiteren strich. Diese änderung ist dadurch nicht besser,
dass Bentley sie zuerst vorgeschlagen hat. Die apposition
mit ἔργα soll dazu dienen, die angabe des ursprungs ge-
fällig anzuknüpfen, und diese angabe will eben das lobende
epitheton des gegenstands selbst (πέπλοι παμποίκιλοι) mo-
tivieren; die apposition steht daher ohne adjectiv, gerade
wie mehrmals in der Odyssee

η 96   ἔνθ' ἐνὶ πέπλοι

λεπτοὶ ἐύννητοι βεβλήατο, ἔργα γυναικῶν

δ 615 = ο 115 δώσω τοι κρητῆρα τετυγμένον· ἀργύρεος δὲ

ἔστιν ἅπας, χρυσῷ δ' ἐπὶ χείλεα κεκρά-

ανται·

ἔργον δ' Ἡφαίστοιο· πόρεν δέ ἑ Φαίδιμος
ἥρως

ω 73 δῶκε δὲ μήτηρ

χρύσεον ἀμφιφορῆα, Διωνύσοιο δὲ δῶρον
φάσκ' ἔμεναι, ἔργον δὲ περικλυτοῦ Ἡφαί-
στοιο;

besonders belehrend ist die vergleichung von

ο 105 ἔνθ' ἔσαν οἱ πέπλοι παμποίκιλοι, οὕς κά-
μεν αὐτή.

Diese stellen zeigen doch wohl, dass auch die so beifällig
aufgenommene vermuthung Bentleys eine übereilung war.
Wollen wir uns noch länger verhehlen, dass dem verse
überhaupt nicht zu helfen ist? Er gehört zu einem abschnitt jüngster dichtung, wie ich glaube sicher nachweisen
zu können. Wenn der dichter desselben einen vers wie
Z 289 bauen konnte, so ist auch

Z 281 αἴ κ' ἐθέλησ' εἰπόντος ἀκουέμεν —

386 ἀλλ' ἐπὶ πύργον ἔβαν μέγαν Ἰλίου, οὕνεκ' ἄκουσεν

und selbst

367 οὐ γάρ τ' οἶδ' εἰ ἔτι σφιν ὑπότροπος ἵξομαι αὖτις

gegen jede anfechtung sicher gestellt.

Aber ich will nicht in einzelheiten eingehn um einen
beweis zu führen, wie er bereits von andern sachkundiger
geführt worden ist. Das vergangene jahr erst hat ein um-
fängliches buch gebracht, in welchem der kampf gegen
transcendentale kritik und für Aristarchos mit allen verfüg-
baren mitteln geführt wird. Ich möchte nicht in diesen
ton einstimmen. Und doch ist meine absicht, die bedenken gegen die von Bekker eingeleitete Homerkritik durch
eine neue erwägung zu stützen. Ich werde dadurch vor
allen den spott derer auf mich ziehn, an deren seite ich
mich zu stellen scheine: den scheue ich nicht, auch wenn
er verdient sein sollte; man muss den muth haben auch

zu irren. Eher könnte mich davon das gefühl abhalten, weder hinlänglich gerüstet zu sein noch auf der höhe der zeit zu stehn. Mein freund W. v. Hartel hat in seinen meisterhaften Homerischen untersuchungen wie andere fragen der epischen laut- und verslehre, so auch die natur und geschichte des digamma mit einer gewissenhaften und ruhig sicheren, beherrschenden umsicht geprüft, wie sie bis dahin wohl kaum einer spracherscheinung zu theil geworden ist. Er geht dabei von der anschauung aus, dass der sprachzustand des Homerischen epos ein einheitlicher sei, und legt seinen untersuchungen die gesammte Ilias und Odyssee in gleicher weise zu grunde [4]. So dankbar ich die auf diesem weg gewonnene tiefere einsicht in natur und geschichte des lauts hinnehme, so wenig vermag ich doch jene grundanschauung zu theilen und die allgemeingültigkeit der darauf beruhenden folgerungen anzuerkennen. Wer einräumt dass es eine reihe von jahrhunderten ist, deren dichtung in den schichten unserer beiden epen verarbeitet ist, und ferner dass, abgesehen von zäheren mundarten, gerade in jener zeit die allmählige abschwächung des labialen spiranten bis zu völligem schwinden sich vollzogen hat, der kann auch dem folgesatz sich nicht entziehen, dass je höheres alter wir einem abschnitt des epos glauben zuschreiben zu sollen, wir auch vollere geltung jenes lauts erwarten müssen, und umgekehrt. Die überarbeitung, die vielfach auch als ergänzende nachdichtung sich bemerkbar macht, fällt zweifellos in eine zeit, wo den Ioniern und Athenern der laut so gut wie abhanden gekommen war. Auch an dem älteren überkommenen gute konnte, zumal bei mündlicher überlieferung, die entwick-

---

[4] s. v. Hartels äusserungen besonders Hom. stud. III p. 77 f. (Sitzungsber. d. Wiener ak. 1874 b. 78, 81).

lung der sprache nicht spurlos vorübergehn; die ursprüng·
liche sprachform konnte aber auch nicht völlig verwischt
und dem jüngeren sprachzustand angeglichen werden, ja
sie ist in einer fülle von formeln und nachbildungen, die
sie entlehnen, auch von den jüngern nachdichtern gewissermaassen anerkannt worden. Wir haben darum das recht
und die pflicht, und ich denke wir wollen davon nicht
lassen, in älteren schichten des epos aus verletzungen
des ursprünglichen anlauts auf störung der überlieferung
und auf eine ursprünglichere form zurückzuschliessen.
Dass ich mit solchen rückschlüssen nicht gewillt bin den
wiederherstellungsversuchen eines vermeintlichen wahren
Homertextes einen neuen weg zu zeigen, sondern im
gegentheil die achtung vor der urkundlichkeit unserer
überlieferung einzuschärfen, ist wohl nicht nöthig noch-
mals zu sagen.

Es ist bekannt dass im bau des Homerischen hexameters die trochaeische dihaerese des dritten fusses den
regelmässigen einschnitt nach der dritten hebung (penthemimeres) noch überwiegt. So sind von den 609 versen
des ersten gesangs der Ilias 310 mit trochaeischer dihaerese [5], nur 227 mit penthemimeres gebaut: 17 weitere
verse letzterer art, worin das in dritter hebung auslautende
wort apostrophiert erscheint, dürfen ohne bedenken den
versen mit trochaeischer dihaerese zugelegt werden. Noch
auffallender gestaltet sich das verhältniss in dem alten
liede von Diomedes und Glaukos (Z 119—236), auf dessen

---

[5] dabei habe ich die 7 verse, in welchen zwar trochaeische
dihaerese, aber diese mit apostroph vorkommt, natürlich ausser rechnung gelassen. Dagegen hätte ich die angegebene summe um 21
verse vermehren sollen, in denen man dreigliedrigen bau nur mit
unrecht annehmen würde (wie A 10. 35 u. s. w.).

114 alte verse [6] 71 fälle der trochaeischen dihaerese und 42 der üblichen caesur kommen; apostroph kommt einmal bei der penthemimeres (v. 164) vor; das überwiegen der dihaerese ist besonders anfangs so stark, dass im beginn von Glaukos' rede der hörer den verschiedenen ton auch metrisch empfindet, indem er hinter einander vier mit caesur gebaute verse vernimmt, gerade so viele als bisher in 27 hexametern eingemischt waren. Freilich ist unverkennbar dass die fugung des hexameters in den vorliegenden epen bereits volle festigkeit besitzt. Das folgt aus gelegentlichem dreigliedrigem bau des hexameters, wie

A 119 Ἀργείων | ἀγέραστος ἔω, | ἐπεὶ οὐδὲ ἔοικεν

145 ἢ Αἴας | ἢ Ἰδομενεὺς | ἢ δῖος Ὀδυσσεύς

179 οἴκαδ' ἰὼν | σὺν νηυσί τε σῆς | καὶ σοῖς ἑτάροισιν:

obwohl in buch A dieser versbau recht selten und nur durch 14 bis 15 sichere fälle vertreten ist, in dem Glaukoslied aber nur einmal (anm. 6) vorkommt. Ebenso zwingend sind verse wie

A 71 καὶ νήεσσ' ἡγήσατ' Ἀχαιῶν Ἴλιον εἴσω

oder 118 αὐτὰρ ἐμοὶ γέρας αὐτίχ' ἑτοιμάσατ', ὄφρα μὴ οἷος:

sie konnten nicht anders gedichtet werden als mit der absicht einen zusammenhangenden einheitlichen hexameter herzustellen. In buch A kommt jedoch apostroph an dieser stelle nur 7 mal, im lied von Diomedes und Glaukos gar nicht vor (anm. 5). Aber auch wenn diese beiden erscheinungen schon in alten stücken häufiger wären als

---

[6] in abzug bringe ich die drei schlussverse, die verballhornung eines jüngeren frivolen rhapsoden, dessen zeit den naiven hochsinn der alten erzählung nicht mehr schmackhaft fand, und den anerkannten zusatz v. 181 (vgl. Köchly dissert. de Il. VI p. 4). Nur einmal findet sich in diesem lied ein dreigliedriger hexameter v. 197, durch die noth dreier eigennamen entschuldigt.

sie sind, müsste uns die thatsache der vorherrschenden trochaeischen dihaerese zu denken geben. Verständlich und erklärt würde sie sein, wenn der Homerische hexameter aus zwei kurzversen zusammen gewachsen wäre, deren fuge sich an jener stelle des dritten fusses befände. Es fehlt nicht an versen, welche dieser vermuthung eine feste unterlage zu geben scheinen. Ich greife, ohne die absicht den gegenstand zu erschöpfen, fälle, die sich mir ungesucht dargeboten haben, heraus.

Da begegnet uns A 294

εἰ δή σοι πᾶν ἔργον ὑπείξομαι, ὅττι κεν εἴπῃς.

Das digamma von ϝείκειν, etymologisch bestens begründet (unser *weichen*), ist bei Homer noch in voller geltung, und bewirkt bei der zusammensetzung mit praepositionen, dass der kurze auslautende vocal der letzteren erhalten bleibt: ὑποείκειν (8 mal), ἀπόεικε, ἐπιεικτός [7]. Die vernächlässigung des sprachgesetzes in dem vorliegenden verse kann nicht gedeckt werden durch einen vers der Odyssee μ 117, den einzigen beleg in unserer überlieferung des Homeros

καὶ πόνον· οὐδὲ θεοῖσιν ὑπείξεαι ἀθανάτοισιν,

wo der ältere lautbestand mit leichter änderung οὐδὲ θεοῖς ὑποϝίξεαι hergestellt werden könnte, wenn es als sicher angenommen werden dürfte, dass dem dichter dieses theils des apologos überhaupt der laut noch in vollerer kraft geklungen hätte. Um so undenkbarer ist aber die viersilbige messung ὑπείξομαι in dem ersten gesang der Ilias, und man begreift schwer, wie Immanuel Bekker so widersprechendes hart nebeneinander dulden mochte wie in seiner zweiten ausgabe ϝέργον ὑπείξομαι. A. Nauck ist an der schwierigkeit nicht vorübergegangen; er schlägt vor

---

[7] näheres bei Olaus Vilelmus Knös De digammo Homerico II (Upsala universitets årsskrift 1873) p. 122 f.

εἴ σοι πᾶν ἔργον ὑποείξομαι

oder εἰ δὴ σοί τι ἔπος ὑποείξομαι

zu bessern, und Fick hat für seine aeolische Urilias [8] von der ersteren vermuthung gebrauch gemacht. Wie misslich diese conjecturen sind, brauche ich nicht erst zu sagen. Wir müssen, denke ich, wohl oder übel anerkennen, was in den überlieferten worten beschlossen liegt

εἰ δὴ σοὶ πᾶν .ϝέργον ‖ ὑπο.ϝείξομαι ὅ ττί κε ϝείπῃς.

Das ist freilich kein hexameter mehr, sondern eine nur äusserliche zusammenstellung zweier kurzverse, die ihre selbständigkeit durch die freie behandlung des in der fuge zusammentreffenden aus- und eingangs bekunden.

In dem vers A 141

ἀλλ᾽ ἄγε νῆα μέλαιναν ἐρύσσομεν εἰς ἅλα δῖαν

begegnet das verbum ϝερύειν im anfang des zweiten versglieds. In jüngeren schichten der Homerischen dichtung treten zweifellose anzeichen für den allmählich erfolgten schwund des digamma hervor [9]. Für einen älteren bestandtheil der Ilias ist diese annahme unzulässig; wir lesen A 190

ἦ ὅ γε φάσγανον ὀξὺ ϝερυσσάμενος παρὰ μηροῦ

und A 459 hat sich sogar αὐέρυσαν erhalten. Die möglichkeit einer änderung ist ausgeschlossen durch die wiederholung des verses in der Odyssee θ 34 und (mit änderung des versschlusses) π 348. Nauck hat darum auch ganz darauf verzichtet, durch vermuthung zu helfen; Fick, den solche rücksichten nicht banden, hat freilich zu helfen gewusst, indem er nach A 308 schrieb [10]

---

[8] Aug. Fick, Die Homerische Ilias (Gött. 1885) p. 25.

[9] vgl. Leo Meyer in Kuhns Zeitschr. f. vgl. sprachf. 14, 90 f., der zuerst die beiden ἐρύειν *trahere* und *seruare* überzeugend getrennt hat; s. auch Knös a. o. 2, 101 f. 197 f.

[10] Fick a. o. p. 21 vgl. p. 76.

νῦν δ' ἄγε νᾶα θόαν προϝερύσσομεν εἰς ἅλα δῖαν. Wir sind also wieder gezwungen einen ursprünglich zweitheiligen vers anzuerkennen

ἀλλ' ἄγε νῆα μέλαιναν || ϝερύσσομεν εἰς ἅλα δῖαν.

Wenn wir nun die verse durchmustern, welche bisher als belege für zeitiges verklingen des digamma in ϝερύειν gelten durften [11] — es sind ihrer 17 —, so ergibt sich dass alle bis auf 6 Fälle [12] durch die obige auffassung von A 141 ihre genügende erklärung erhalten

δ 577 = λ 2 νῆας μὲν πάμπρωτον || ϝερύσσομεν εἰς ἅλα
δῖαν
κ 403 νῆα μὲν ἄρ πάμπρωτον || ἐρύσσατε ἤπειρόν
δε und ähnlich κ 423
P 635 = 713 ἡμὲν ὅπως τὸν νεκρὸν || ἐρύσσομεν ἠδὲ καὶ
αὐτοί
ρ 479 μή σε νέοι διὰ δῶμα || ἐρύσωσ' οἵ' ἀγορεύεις
τ 481 τῇ δ' ἑτέρῃ ἔθεν ἄσσον || ἐρύσσατο φώνη-
σέν τε,
θ 34 und π 348 sind schon erwähnt.

Dass die meines wissens noch nicht aufgehellte wurzel, aus der eine anzahl namen und epitheta von lichtgottheiten abgeleitet wurden: Ἕκατος Ἑκάτη, Ἑκηβόλος Ἑκατηβόλος Ἑκατηβελέτης, Ἑκάεργος, Ἑκάδημος, Ἑκάβη (wohl auch Ἑκάλη, Ζεὺς Ἕκαλος und Ἑκαλεῖος) und ἑκηβολίαι (E 54) [13], mit digamma anlautete, durfte mit sicherheit aus den prosodischen erscheinungen bei Homer gefolgert werden [14], und wird uns urkundlich bestätigt

---

[11] die zusammenstellung hat Knös gegeben a. o. 2, 102 f.

[12] die einzigen übrig bleibenden fälle geschwundenen digammas sind Δ 467. 492 Ψ 21 Ω 16 ι 77 = μ 402. An Δ 467 zu rütteln war leicht aber vergeblich.

[13] vgl. Rheinisches museum 23, 330 anm. 33.

[14] die Homerischen belege bei Knös a. o. 2, 64 f.

sowohl durch das zeugniss des Marius Victorinus für ϝε-
κηβόλος [15], als durch die alte vasenbeischrift ϝεκάβα und
den Tanagräischen dativ ϝhεκαδάμοε [16]. Sichere vernachlässigung des alten anlauts findet sich nur bei Ἑκάβη Χ
430 Ω 283 und 747, Ἑκάεργε Χ 15. Die letzte stelle herzustellen sind mehrere vorschläge gemacht worden: man
hat nicht bedacht, dass dieselbe erscheinung bei Ἑκάβη
in demselben gesang vorkommt. Jetzt bezeugen zwei alte
weihinschriften aus Naxos [17]

    Νικάνδρη μ᾽ ἀνέθηκεν Ἑκηβόλῳ ἰοχεαίρῃ

und Δειναγόρης μ᾽ ἀνέθηκεν ἑκηβόλῳ Ἀπόλλωνι

den vollen schwund des digamma im sechsten jahrhundert.
Aber für dichtungen erheblich höheren alters können diese
inschriftlichen hexameter in keiner weise bürgen. Wir
messen

A 438 ἐκ δ᾽ ἑκατόμβην βῆσαν || ϝεκηβόλῳ Ἀπόλλωνι

A 21 ἀζόμενοι Διὸς υἱὸν || ϝεκηβόλον Ἀπόλλωνα,

so leicht auch hier durch die änderung υἶα hilfe gebracht
werden kann. Auch P 333

    ὣς ἔφατ᾽. Αἰνείας δ᾽ ἑκατηβόλον Ἀπόλλωνα

kann nach der oben ermittelten ursprünglichen messung
von A 294 ohne weiteres anerkannt werden als

    ὣς ἔφατ᾽· Αἰνείας δὲ || ϝεκατηβόλον Ἀπόλλωνα,

und bedarf nicht der von Bekker und Nauck in den text
gebrachten änderung δὲ ϝεκηβόλον. Die einzige noch un-
erledigte stelle Χ 302

---

[15] Marius Vict. I 4, 44᾽ in H. Keils *GL* VI p. 15, 6 (Gais-
fords Scrr. r. metr. lat. p. 16).

[16] ϝεκάβα auf einem Korinthischen vasenbild, Monum. dell᾽
inst. arch. 1855 tav. XX. Die inschrift von Tanagra herausg. von
C. Robert Archaeol. zeit. 1875 b. 33, 158 Röhl *IGA* 131 p. 46
und Larfeld Syll. inscr. Boeot. 359 p. 180.

[17] bei Roehl *IGA* 407 und 408 p. 114.

Ζηνί τε καὶ Διὸς υἱεῖ ἐκηβόλῳ, οἵ με πάρος γε
würde ohne schwierigkeit auf dieselbe versform zurückge-
führt werden dürfen, wenn nicht die bereits erwähnten
fälle des vernachlässigten digamma in demselben buch
(X 15. 430) uns veranlassen müssten für den v. 302 das
gleiche vorauszusetzen. Der noch immer von einzelnen gelehrten, selbst v.
Hartel angezweifelte consonantische anlaut von Ἴλιος ist
durch die verschiedenartigsten wirkungen desselben in
einer fülle von versen gesichert[18]. Die entgegenstehenden
fälle, deren zahl (11) sich durch die häufigkeit des worts
erklärt, sind gegen jene verschwindend. In einer dichtung so guter zeit, wie der abschied Hektors von Andromache, kann der laut noch nicht verstummt sein; wir
müssen also Z 493 lesen

πᾶσιν, ἐμοὶ δὲ μάλιστα, ‖ τοὶ ϝιλίῳ ἐγγεγάασιν
und ebenso P 145

οἶος σὺν λαοῖσι, ‖ τοὶ ϝιλίῳ ἐγγεγάασιν
E 204 ὣς λίπον, αὐτὰρ πεζὸς ‖ ἐς ϝίλιον εἰλήλουθα,
wonach auch zwei verse der Odyssee

ξ 238 νήεσιν ἡγήσασθαι | ἐς Ἴλιον· οὐδέ τι μῆχος
und ρ 104 ᾤχεθ' ἅμ' Ἀτρείδῃσιν | ἐς Ἴλιον· οὐδέ μοι
ἔτλης
von der angegebenen zahl der ausnahmen gestrichen werden könnten.

Ich will den nachweis einer älteren form des Homerischen verses nicht allein durch erscheinungen des
digamma führen. Während dieser laut für die letzte ge-

---

[18] s. Hoffmann Quaestt. Hom. 2, 28 f. Knös a. o. 2, 181 f.
Ursprung und bedeutung des mythischen namens hat der zu früh
uns entrissene Oscar Meyer Quaestt. Homer. (Bonn 1868) p. 11 ff.
aufgehellt.

neration selbstthätiger Ionischer rhapsoden, die zeit der
zusammenfassenden ausdichtung, als erloschen gelten darf,
hat in derselben epoche die verbindung von muta und
liquida ihre kraft als doppelconsonanz wenigstens im inlaut noch fast ungebrochen bewahrt. Wir überschauen
jetzt den verlauf der allmählichen abschwächung dieser
doppellaute von Homer bis zum Attischen drama, und
sehen wie sie ausgegangen vom anlaut solcher worte,
deren silbenmass (◡ _◡ und ähnl.) ohne diese freiheit sie
von daktylischen versen ausgeschlossen hätte, übertragen
wurde auf den inlaut von worten wie Ἀφροδίτη, bis sie
dann, im anlaut rascher als im inlaut, sich verallgemeinerte
und im verlauf des fünften jahrhunderts zu Athen durchdrang [10]. Was nach der prosodie der älteren elegiker
sich erwarten lässt, wird durch die vorliegenden epen bestätigt, dass selbst in den jüngeren schichten der Homerischen dichtung die ursprüngliche consonantische kraft
von muta cum liquida im inlaut noch gewahrt und die
abschwächung derselben nur für einen kleinen kreis von
ausnahmen gestattet ist. Um so mehr muss also die volle
geltung dieser lautverbindungen für die älteren theile
Homers vorausgesetzt werden. Das gedicht von Hektor
und Andromache verwendet demgemäss die erste silbe
von πατρός auch in der senkung als länge Z 446 und
468, ebenso wie das lied von Diomedes und Glaukos

---

[10] nach vorgang von J. Bekker Hom. blätter 1, 34 f. ist der
gegenstand sorgfältig behandelt worden von Fr. Spitzner De versu
Graecorum heroico (1816) p. 89 ff. Das Homerische material ist
von Jac. La Roche, Hom. untersuchungen (Leipz. 1869) p. 1—41
übersichtlich zusammengestellt. Ueber die weitere geschichte dieser
lautverbindungen in der elegie und tragödie s. C. Goebel De cor-
reptione Attica, Bonner diss. 1876.

πάτρώιος Ζ 215. Damit ist bewiesen dass der vers Ζ 479 [20] gelautet haben muss

καί ποτέ τις ϝείπῃσι· || πᾱτρός γ' ὅδε πολλὸν ἀμείνων.

Und ebenso doch auch Υ 384

ὃν νύμφη τέκε νηὶς || 'Οτρυντῆι πτολιπόρθῳ.

Weniger zwingend mögen folgerungen scheinen, die dem anlaut entnommen werden. Hier sind vor πρ und κρ die kürzen schon im Homer häufig, bei βρ θρ τρ wenigstens in einer anzahl bestimmter worte nicht selten. Aber bei genauerem zusehn vermindert sich, scheint mir, die zahl der beweiskräftigen fälle sehr erheblich. Die alte fuge nach der trochaeischen dihaerese gibt der schlusssilbe des ersten versglieds alle die freiheit, welche dem ausgang einer selbständigen rythmischen reihe zukommt: das zweite glied des verses durfte mit muta cum liquida anheben ohne dass das gesetz der sprache oder des älteren verses verletzt wurde. Ich will nur gleich den stier bei den hörnern fassen und die häufigste, dem anschein nach sicherste classe von verkürzungen, die vor πρ einer prüfung unterziehn. Ich kann mich beschränken, ohne ein wort dazu zu thun, die verse selbst vorzuführen:

Ν 799 κυρτὰ φαληριόωντα, || πρὸ μέν τ' ἄλλ', αὐτὰρ ἐπ'
                                      ἄλλα

Ο 351 ἀλλὰ κύνες ϝερύουσι || πρὸ ϝάστεος ἡμετέροιο
                                     (vgl. ω 468)

Ρ 726 βλημένῳ ἀϝίξωσι || πρὸ κούρων θηρητήρων

Ω 783 ζεύγνυσαν, αἶψα δ' ἔπειτα || πρὸ ϝάστεος ἠγερέθοντο

Β 588 ἐν δ' αὐτὸς κίε ϝῆσι || προθυμίῃσι πεποιθώς

Ρ 545 οὐρανόθεν καταβᾶσα· || προῆκε γὰρ εὐρύοπα Ζεύς

---

[20] vgl. über den vers A. Ludwich, Aristarchs Hom. textkritik
2, 351.

Ι 91 usw.[21] οἳ δ' ἐπ' ὀνείαθ' ἑτοῖμα ‖ προκείμενα χεῖρας
ἴαλλον

Ε 274 usw.[22] ὣς οἳ μὲν τοιαῦτα ‖ πρὸς ἀλλήλους ἀγόρευον

Λ 643[23] μύθοισιν τέρποντο ‖ πρὸς ἀλλήλους ἐνέποντες

Μ 239 εἴ τ' ἐπὶ δεξί' ἴωσι ⎫
                                    ⎬ πρὸς ἠόα τ' ἠέλιόν τε
ν 240 ἠμὲν ὅσοι ναίουσι ⎭

Ξ 403 ἔγχει, ἐπεὶ τέτραπτο ‖ πρὸς ἰθύ ϝοι, οὐδ' ἀφά-
μαρτεν

Ψ 868 ἣ μὲν ἔπειτ' ἤϝιξε ‖ πρὸς οὐρανόν, ἣ δὲ παρείθη

μ 283 πάντῃ παπταίνοντι ‖ πρὸς ἠεροειδέα πέτρην

χ 337 usw.[24] ἣ γούνων λίσσοιτο ‖ προσαΐξας 'Οδυσῆα

Ρ 598 βλῆτο γὰρ ὦμον δουρὶ ‖ πρόσω τετραμμένος αἰϝεί

Σ 388 ὣς ἄρα φωνήσασα ‖ πρόσω ἄγε δῖα θεάων.

Ich hätte kürzer sein können. Es genügte die bekannte
formel herzusetzen

Λ 403 usw.[25] ὀχθήσας δ' ἄρα εἶπε πρὸς ὃν μεγαλήτορα
θυμόν:

das alter der formel macht es unmöglich eine vernachlässigung des digamma anzunehmen, wie sie dem leser
durch die kürze vor dem possessivpronomen (σϝ)όν zuge-
muthet wird; aber ebenso unmöglich auch, die kürze vor
der doppelconsonanz πρ zu dulden. Der vers war eine
crux für die hersteller des digamma; es liegt gar keine
schwierigkeit vor; man soll nur den vers hinnehmen, wie
er gedichtet war und gesprochen werden sollte

---

21 der formelhafte vers gehört der Odyssee an, wo er 10mal
vorkommt; in der Ilias noch Ι 221 Ω 627.

22 diese formel kommt in der Ilias noch 7mal vor, der zweite
halbvers auch Od. κ 34.

23 danach Od. ψ 301 τερπέσθην μύθοισι πρὸς ἀλλ. ἐν.

24 ähnlich noch χ 342. 365.

25 ausserdem noch Ρ 90 Σ 5 Υ 343 Φ 53. 552 Χ 98 und Od.
ε 298. 355. 407. 464. Vgl. Knös a. o. 2, 215.

ὀχθήσας δ' ἄρα ϝεῖπε ‖ πρὸς ϝὸν μεγαλήτορα θυμόν.
Aber wenn man sehn will *quid distent aera lupinis,* so
halte man daneben A 609

Ζεὺς δὲ πρὸς ὃν λέχος ἤι' Ὀλύμπιος ἀστεροπητής:
da ist nicht zu helfen.

Einen schweren einwand scheinen die überaus zahlreichen kürzen vor προσαυδᾶν dem gegner an die hand zu
geben. Auch hier wiederholt sich zunächst die gleiche verwendung zu anfang des zweiten halbverses; verse wie

Ε 454 δὴ τότε θοῦρον Ἄρηα ‖ προσηύδα Φοῖβος Ἀπόλλων
Ζ 144 τὸν δ' αὖθ' Ἱππολόχοιο ‖ προσηύδα φαίδιμος υἱός
sind häufig genug [20]. Aber dagegen stellt sich eine statt-
liche reihe von versen die mit προσηύδα schliessen wie

A 539 Τ 120 .... Δία Κρονίωνα προσηύδα [27],
und darunter der in beiden epen geläufige, in der Ilias
allein mehr als 50 mal wiederholte halbvers

ϝέπεα πτερόεντα προσηύδα.
Gerade diese alte formel zwingt uns auf den richtigen weg.
Im Homerischen epos steht neben dem abgeschliffenen πρός,
das unvergleichbar überwiegt, noch die volle form προτί
und daneben, sowohl selbständig als in zusammensetzun-
gen benutzt, das sog. dorische ποτί. So stellt sich zu
προσηύδα sowohl ein προτιϝείποι Χ 329 und προτιμυθήσα-
σθαι λ 143 als ein ποτιφωνήεις τε γένοιο Od. ι 456. In
zusammensetzung hat unser Homertext die form ποτι nur
vor consonantischem anlaut bewahrt. Es kann aber an-
gesichts jener formel wohl kein zweifel sein, dass die an-

---

[20] so noch Δ 256 Ε 30 Ζ 214. 343 Λ 136 Ξ 197 (= 300. 329
Τ 100) Π 858 Ρ 431 Φ 97 Χ 7. 37. 90. 364.

[27] ausserdem, um bei der Ilias zu bleiben, Δ 24 = Θ 461
Δ 192 Ζ 163 Η 225 Μ 353 = Ρ 707 Ξ 270 = Ρ 33 Ο 436 = 466
Ρ 468. 553. 621 Ω 169.

wendung der praeposition ursprünglich eine weit ausge-
dehntere war; so gewiss Stesichoros ποταύδη schrieb [28],
lautete jene formel ursprünglich

.ϝέπεα πτερόεντα ποτήυδα,

und derselbe lautbestand ist für alle in älteren theilen
des epos vorkommenden versschlüsse mit προσήυδα anzunehmen.

Es drängt sich bei dieser betrachtung unwillkürlich
die vermuthung hervor, dass auf die erweiterte zulassung
der kürze vor muta cum liquida die fortbildung des hexameters aus einer äusserlichen bindung zweier selbständiger glieder zu einem einheitlichen vers von wesentlichem
einfluss gewesen sein möchte. Bei προτί πρός und seinen
zahlreichen wortbildungen ist diese annahme wohl unab-
weisbar: erst nachdem die kürze vor der trochaeischen
dihaerese auch als metrische kürze vorgetragen und empfunden wurde, konnte das alte ποτί durch das zur herrschaft gelangende πρός verdrängt werden.

Zur lautgruppe τρ erwäge man Ξ 314

νῶι δ' ἄγ' ἐν φιλότητι ‖ τραπείομεν εὐνηθέντε

und danach Γ 441 ἀλλ' ἄγε δὴ φιλότητι τραπείομεν εὐν.
Erst in jüngeren dichtungen konnte danach ein ἐπὶ ἔργα
τράποντο (Γ 422 vgl. Ψ 53) im versausgang u. a. gebildet
werden.

Zur verbindung κρ hat Κρόνος und Κρονίων das
hauptcontingent geliefert. Und doch bedurften die alten
dichter einer ausnahme von dem anlautgesetz keineswegs.
Die obliquen casus Κρονίωνος u. s. w. fügten sich von
selbst dem daktylischen maass; für den unfügsamen nominativ stand Κρονίδης zur verfügung; und wie man mit

---

[28] Stesich. fr. 92 nach den Epimerismen in Cramers Anecd.
Oxon. I p. 192, 1.

Κρόνος fertig werden konnle, zeigt δύω Κρόνου υ[ε (Ν 345)
und ὅτε τε Κρόνον εὐρύοπα Ζεύς (Ξ 203). Man darf
zudem nicht übersehn dass verschiedenen älteren sängern
von Iliasliedern die benennung Κρονίων oder Κρονίδης
für Zeus nicht geläufig war. Alt ist aber gewiss der
formelhafte halbvers

Κρόνου πάις ἀγκυλομήτεω [29]:

dass er schon für die ältesten dichter metrisch berechtigt
war, weil er eben eine verletzung des anlautgesetzes gar
nicht forderte, brauche ich nicht mehr besonders anzu-
merken.

Ich will, nachdem, wie ich hoffe, auch dem widerstrebenden leser die folgerung sich aufgedrängt hat, dass
die Homerischen epen selbst uns nöthigen eine ältere
bauart des hexameters anzunehmen, nicht weitere einzel-
betrachtungen [30] häufen. Es wird sache besonderer untersuchungen sein müssen, aus dem gewonnenen ergebniss
für die Homerische lautlehre und kritik gewinn zu ziehen
und dadurch zugleich die obigen andeutungen zu vervoll-
ständigen.

[29] die formel findet sich B 205. 319 Δ 75 I 37 M 450 Π 431
Σ 293; der gleiche eingang Κρόνου πάις O 91 Κρόνου παῖς Ξ 346
Φ 216. Vgl. auch Ξ 247 Ζηνὸς δ' οὐκ ἂν ἔγωγε | Κρονίονος ἆσσον
ἱκοίμην; dagegen ist z. b. für Od. λ 620 Ζηνὸς μὲν πάις ἦα Κρο-
νίονος, αὐτὰρ ὀιζύν wirkliche kürzung anzuerkennen, wie der versbau lehrt.

[30] so stehe ich z. b. nicht an die kürzung der ersten silbe
von υἱός in

Z 130 οὐδὲ γὰρ οὐδὲ Δρύαντος | υἱὸς κρατερὸς Λυκόοργος

und Δ 473 I 84 λ 270 als nicht ursprünglich zu betrachten, und
glaube nicht dass

B 467 ἔσταν δ' ἐν λειμῶνι | Σκαμανδρίῳ ἀνθεμόεντι

und B 465 E 49 Z 402, ferner Λ 499 X 148 vor σκ eine kürze gedacht war.

II

Es ist nicht eine blosse hypothese, zu der uns die prosodische untersuchung einzelner Homerverse geführt hat, nicht ein einfall, den es jedem nach belieben zustände sich anzueignen oder abzulehnen. Wie das durch prosodisch-metrische forschung erschlossene und für Homer geforderte digamma nicht nur durch die vergleichung stammverwandter sprachen sondern allmählich auch durch inschriftliche urkunden eine immer reichlichere bewährung gefunden hat, ebenso erhält die gestalt des ältesten epischen verses der Griechen, die uns sprachlich-metrische gründe aufdrängten, sichere bestätigung durch äussere thatsachen. Trotz der gewalt, welche der siegeslauf der epischen poesie über alle griechische landschaften auf die dichterische form ausüben musste, trotz des verhältnissmässig jungen alters inschriftlicher aufzeichnungen liegt jene älteste gestalt noch heute greifbar vor auf griechischen inschriftsteinen. Hier hilft keine ausflucht.

Mag auch die zahl der mir bei gelegentlicher beobachtung bekannt gewordenen fälle noch eine geringe sein, sie genügt vollkommen um der vermeintlichen hypothese die thatsache zur seite zu stellen. Von neuen funden, wie sie jährlich in wachsender fülle zu tage treten und gerade den bis vor kurzem dünnen bestand ältester denkmäler so erfreulich mehren, darf auch hier zuwachs an belegen erwartet werden, und vielleicht vermögen schon heute belesenere epigraphiker meiner sammlung manche ergänzung hinzuzufügen.

In dem grossen inventar des Apollotempels auf De-

los [1], das die hieropoioi unter dem archon Demares [2] d. h.
181/180 beim amtswechsel aufgestellt, wird eine trinkschale
(κυμβίον) durch die aufschrift gekennzeichnet (κυμβίον οὗ
ἐπιγραφή·)

'Ιστιαιεύς μ' ἀνέθηκεν Κάλλωνος ὕπερ. φίλ' Ἄπολλον
τήνδε συναμφοτέροις εὐτυχίην ὄπασον.

Der bau des hexameters wird verständlich, sobald man
darin die ältere form des epischen verses erkennt

'Ιστιαιεύς μ' ἀνέθηκεν ‖ Κάλλωνος ὕπερ. φίλ' Ἄπολλον.

Es ist nicht der leiseste anstoss vorhanden, der gestattete
den vers als incorrect d. h. als misslungenen versuch eines
ungeübten verskünstlers aus dem volk zu erklären. Denn
'Ιστιαιεύς ist als choriambus gemessen, es wurde 'Ιστιᾱεύς
gesprochen. Wie man in Athen Πειραιεύς u. a. sprach,
ist jedem leser des Aristophanes bekannt; ganz entsprechend wird auf einem dorischen epigramm der insel
Syros von guter technik [3] sogar das properispomenierte
'Εστιαῖος gemessen

'Εστιαῖος φθιμέναν τῶιδ' ὑπέθηκε τάφωι;

ebenso auf einer grabschrift von Milet [4] 'Εστιαῖον τὸν
φύντα — neben dem trimeter

τὸν 'Εστιαίου τῆς τραγωιδίας γραφῆ.

Der beleg ist um so beweiskräftiger, als einem regulären
hexameter nichts im wege stand

'Ιστιαιεύς μ' ἀνέθηκεν ὑπὲρ Κάλλωνος. Ἄπολλον —.

---

[1] herausgegeben von Th. Homolle im Bulletin de correspon-
dance hellénique 1882 t. VI p. 29 ff. Die benutzte stelle findet
sich z. 41 p. 33.

[2] über die zeit des Demares s. P. Paris im Bull. de corresp.
hellén. IX p. 149 f. und G. Attinger, Beiträge zur geschichte von
Delos (Züricher dissert. 1886) p. 62 ff.

[3] bei G. Kaibel Epigr. gr. n. 212, 8.

[4] bei Kaibel n. 222 b z. 9 und 1 p. X.

Auf das alter der weihgabe und inschrift gestattet wohl
der anscheinend glatte nnd tadellose pentameter einen
schluss. Was soll τήνδε εὐτυχίην bedeuten? Der verfasser konnte keinen anderen gedanken aussprechen, als
der sich etwa in den worten geben liess

τύνη δ' ἀμφοτέροις εὐτυχίην ὄπασσον.

So gröblich konnten zwar die Delischen tempelbeamten,
welche das distichon als erkennungsmarke der weihgabe
abschrieben, den text nicht umgestalten. Aber wohl
konnten sie ein ihnen unverständliches wort richtig zu
lesen glauben, indem sie, vielleicht unwillkürlich, einen
buchstaben anders auffassten. Sollte nicht auf der schale
gestanden haben

φίλ' Ἄπολλον,
τὺν δὲ συναμφοτέροις εὐτυχίην ὄπασσον?

Das epos hat ἐγών neben ἐγώ, τύνη neben σύ; dorisch
sowohl ἐγών als ἐγώνη, wie boeotisch ἰών und ἰώνει. In
der zweiten person ist die erweiterte form τύνη auch als
dorisch bezeugt, τούνη als lakonisch: das zu grunde liegende τύν kennen wir zufällig nur aus dem boeotischen
dialekt, wo es τούν lautete[5]. Das in der Ilias noch sechs-
mal verwendete τύνη gestattet sicheren rückschluss auf dies
τύν, das ich nicht ohne wahrscheinlichkeit der Delischen
weihinschrift zu vindicieren glaube.

In der weihinschrift der Athenischen akropolis[6]

Διογέν[ης] ἀνέθηκεν Αἰσχύλου ὑὸς Κεφ[α]λῆος

hat A. Kirchhoff anstoss daran genomen, dass gegen die
feststehende formel der personenbezeichnung sowohl υἱός
zugefügt als auch das demotikon auf den genetiv des vaters

[5] s. Apollonius pronom. p. 824[b] 329[c] (in Wolf und Butt-
manns Museum antiqu. stud. I 2).

[6] CIA I n. 398 p. 186 vgl. supplem. p. 44, Kaibel n. 760.

statt auf den nominativ bezogen ist. Neubauer[7] hat diese
anstösse überzeugend gehoben durch die annahme dass
ein vers beabsichtigt sei, ohne freilich eine annehmbare
lesung vorzuschlagen. Der vers ist zweifellos, nicht schön,
aber vollkommen richtig nicht nur prosodisch sondern,
sobald wir ihn nach dem alten schema messen, auch metrisch. Ueber die iambische verwendung von ὑύς für υἱύς
υἱός bedarf es keines wortes[8]; ebenso ist die längung der
ersten silbe von Διογένης bei zwei folgenden kürzen regel-
recht. Dass die sonst durchweg kurze vorletzte silbe der
eigennamen auf υλος ursprünglich lang, bezw. mit ver-
doppeltem λ gesprochen wurde, beweist gerade für unseren
namen eine alte Argivische inschrift [9]

Αἰσχύλλο[ς] Θίοπος, τοῖς δαμοσίοις ἐν ἀέθλοις,

für die gruppe der von verbalstämmen abgeleiteten namen
Μνάσυλλος bei Vergilius ecl. 6, 13

pergite Pierides. Chromis et Mnasyllos in antris,

wie Ribbeck mit recht geschrieben hat, obwohl der pa-
limpsest von Verona und der corrector des Palatinus *Mna-*

---

[7] Hermes 10, 160. Sein vorschlag ᾽Αῖσχύλου ὖς Κεφαλῆος
zu messen ist eben so unmöglich wegen der distraction des diph-
thongs in Αἰσχύλου als wegen der contraction von ὑύς. Kaibel
p. 308 hat berechtigte zurückhaltung geübt.

[8] über das schwanken zwischen der schreibung ūι und ū auf
attischen inschriften s. Wecklein Curae epigr. p. 53 und K. Meisterhans Gramm. der attischen inschrr. p. 29 anm. 251 (über die form
auf ῡς derselbe p. 63 und Bücheler zum Recht von Gortyn p. 10);
bei Homer schon wird die erste silbe von υἱός verkürzt, s. Hartel
Hom. stud. 3, 7 f. — Διογένης wird ebenso gemessen in dem guten
epigramm bei Kaibel n. 190 und sonst; vgl. die längung der ersten
silbe von Διαγόρας bei Pindar Ol. 7, 13. 80, Διοφάνης bei Kaibel
n. 941.

[9] in H. Roehls Inscrr. Gr. ant. n. 37 p. 17, Kaibel n. 936.

sylos geben. Auch der name Ἄξυλος in der Ilias Z 12

Ἄξυλον δ' ἄρ' ἔπεφνε βοὴν ἀγαθὸς Διομήδης

muss hierher gestellt werden; an eine zusammensetzung mit ξύλον wird kein verständiger denken. Der durchsichtige name seines dieners Καλήσιος 'Lademann' (Z 18) war schon grammatikern des alterthums ein beweis, dass der gastfreie Ἄξυλος von ἄγειν abgeleitet sei [10]. Mit trüberem vocal kehrt das wort in der Heraklidensage wieder als Ὄξυλος, der 'führer'. Ist der name eines Delphiers Πολύξενος Ὀξύλου [11] nicht wie eine illustration zu der erzählung der Ilias von jenem Axylos?

Unlängst brachte der Hermes eine altthessalische grabschrift [12]. Der herausgeber, A. Kirchhoff, war bereit 'die absicht des verfassers' anzuerkennen 'ein elegisches distichon zu stande zu bringen': in dem hexameter sei die absicht gelungen, vorausgesetzt dass man eine prosodische licenz oder ein logisch schiefes ὥς statt ὅς zugebe, 'allein das pentametron' meint er 'ist ihm völlig aus den fugen gegangen'. Der verfasser des epigramms — nach der schrift kann es, wie Kirchhoff urtheilt, 'nicht gar weit unter die scheide des VI und V jahrhunderts herabgerückt werden' — hat geleistet was er wollte, und ohne prosodischen oder gar logischen anstoss zu geben:

Μνᾶμ' ἐμὶ Πυρ(ρ)ιάδα, ‖ ὃς οὐκ ἠπ[ί]στατο φεύγειν,
ἀλλ' αὖθε πὲρ γᾶς τᾶσδε
πολ(λ)ὸν ἀριστεύων ἔθανε.

Die verselbständigung der beiden hälften des durch die

---

[10] schol. A zu Z 12 Ἄξυλον: οἰκεῖον φιλοξένῳ τὸ ὄνομα Ἄξυλος γὰρ παρὰ τὸ ἄγειν, ὡς καὶ παρὰ τὸ καλεῖν Καλήσιος. τινὲς δὲ τὸν Εὔλα δαπανῶντα φασίν, ἐπιτάσει τοῦ ᾱ.

[11] Delphische inschrift bei E. Curtius Anecd. Delph. 10 p. 60.

[12] Hermes 1885 b. XX p. 158 f.

epische dichtung zum hexameter gebildeten langverses hat
den hiatus im gefolge; die zweite hälfte konnte so gut
mit schwerem auftact, wie mit kurzer silbe (ὅς) beginnen.
Die beiden kleineren verse, welche die langzeile abschliessen, kann dem dichter nicht in den sinn gekommen
sein zu einem pentameter zusammenzufassen. Der zweite
vers ist rein iambisch, mit drei hebungen und nachklang;
der letzte eine katalektische daktylische reihe von vier
hebungen: versbildungen, deren entstehung und zusammenhang mit dem ältesten hexameter wir im weiteren
verlauf verstehn lernen werden.

Auch Phanokrite aus Erythrai hat sich mit den volksthümlichen mitteln wohl ein wenig besser zn helfen gewusst, als es jetzt scheint, wenn man das kunstlose elo-
gium auf ihren sohn[13] am regelrechten distichon misst

   · · · ι τόδε σῆμα ‖ μήτηρ ἐπέθηκε θανόντι
      Φανοκρίτη παιδὶ χαριζομένη

Der erste halbvers begann mit dem namen des sohnes,
beispielsweise ['Ἀλκιμάχω]ι, und lief trochaeisch aus; die
zweite hälfte beginnt als selbständige rythmische reihe mit
schwerem auftakt: beides durchaus gesetzmässig. Eine
weibliche misshandlung des pentameters mag es scheinen,
wenn die erste hälfte durch den eigennamen der mutter
in anspruch genommen wird; aber sicherlich war Φανο-
κρίτη nicht als choriambus gemeint, sondern mit drei
hebungen gemessen ⏑⏑⏑, um das rythmische aequivalent
herzustellen, wie das in kunstgerechterer weise am zweiten vers der thessalischen grabschrift zur anwendung gebracht ist. Ganz entsprechend ist auf einer Athenischen
inschrift (in Kaibels sammlung n. 51) der pentameter

---

[13] in H. Roehls *IGA* n. 495 p. 135, Kaibel n. 229 *a* im
Rhein. mus. 34, 183 f.

᾽Αρχεστράτην ἀνδρὶ ποθεινοτάτην

gebildet. Beide male sind es eigennamen, welche zu der durchbrechung des gesetzes anlass geben. Volksthümliche metrik konnte sich aber auch hier eine freiere bewegung verstatten; eine auch sonst metrisch sehr merkwürdige grabschrift von Mytilene, zwar aus römischer zeit, aber nicht ohne vermögen der formgebung (Kaibel n. 330, 5) bietet

ἧς ἐκ δαπάνων τύμβος ἔχει [με] κλυτός;

in ungeschickten späten epigrammen kann es nicht wunder nehmen verse zu lesen wie

σύνευνον χαλεπῷ πένθε[ϊ] τει[ρόμενον] (Kaibel 370, 3)

oder ἐμαυτὴν ζῶσα συγκατέθηκα τάφῳ (ebend. 367, 4).

Im anschluss an diese erscheinungen mag darauf hingewiesen werden, dass auch in der ersten hälfte des hexameters daktylische füsse durch ungleichartige ersetzt werden konnten, wenn die zahl der hebungen die gleiche blieb. Das Delische tempelinventar, dem wir den ersten beleg entnahmen, liefert uns einen solchen vers [14]

᾽Ηρχιθηρὶς τήνδε ‖ ἀνέθηκεν παῖς ᾽Αμιάντου.

An stelle der beiden ersten daktylischen füsse steht also hier ein ditrochaeus, genauer ein epitrit. Sehr möglich ist, dass der verfasser auch diesen vers in zwei selbständige hälften zerlegte: erweisen lässt es sich nicht, da nichts gewöhnlicher ist als unvollzogene elision selbst

---

[14] Bull. de corr. hellén. t. VI p. 84 z. 46 f. κυμβίον· ᾽Ηρχιθηρὶς κτλ. Der eigenname lautete doch wohl ᾽Αρχιθηρίς? Aehnlich beschaffen ist die von Pausanias VI 10, 7 erhaltene Olympische weihinschrift

Κλεοσθένης μ᾽ ἀνέθηκεν ὁ Πόντιος ἐξ ᾽Επιδάμνου,

wo Κλεισθένης gesprochen werden mochte, aber auch iambisch begonnen werden konnte.

auf metrischen inschriften, und dass mit der ersten hälfte
eine zeile des inventars schliesst, wird auf zufall beruhn.

Auf grabsteinen des inneren Kleinasien kommt mehrfach eine verwünschungsformel vor, deren wortlaut ebenso
feststeht wie der üblichen regel des hexameters beharrlich
widerstrebt. Sie ist bis jetzt auf vier grabsteinen nachgewiesen [15]

a) des ehemaligen Traianopolis (heute Ushak) in
Phrygien

ἂν τούτῳ τῷ μνημείῳ ἢ καὶ τῇ σορῷ κακὴν χεῖρα προσάγῃ,
ὀρφανὰ τέκνα λίποιτο, χῆρον βίον, οἶκον ἔρημον

b) des ehemaligen Atyocharax (?) in Phrygien (jetzt
dorf Oturaktschai)

• • • λίποιτο, χῆρον βίον, οἶκον ἔρη[μον]

c) bei Laodicea combusta in Phrygien

• • τὸν βωμὸν ἀδικήσει ἢ καὶ περὶ τὸν τάφον τι,
ὀρφανὰ τέκνα λίποιτο, χῆρον βίον, οἶκον ἔρημον

endlich und hier vollständiger d) zu Ikonion in Lykaonien

ὃς ἂν δὲ κακῶς τῷ ἀνδριάντι π(οιήσ)ῃ,
ὀρφανὰ τέκνα λίποιτο, χῆρον βίον, οἶκον ἔρημον,
ἐν πυρὶ πάντα δάμοιτο, κακῶν ὑπὸ χεῖρας ὄλοιτο.

Der vers, einem *carmen dirum*, einer litanei von verwün-
schungen entnommen, war beliebter bestandtheil der formeln
geworden, durch welche man in grabschriften die ruhe des
todten und das eigenthumsrecht am denkmal zu sichern

---

[15] Kaibel epigr. Gr. p. 161 zu n. 406, 13 hat bereits die vier
grabschriften zusammengestellt. Sie sind zu finden a) im *CIGr* 3862
und in Le Bas-Waddington n. 716 (ich habe μνημείῳ ἢ hergestellt
aus μνημείων der von Franz benutzten abschrift, Le Bas hat das
N nicht); b) *CIGr* 3875 (über die alte stadt s. Ramsay im Journal
of Hellenic studies 1883 t. IV p. 417 f.); c) *CIGr* 3990 *k* (3, 66);
d) *CIGr* 4000, 17 f. (3, 69), Kaibel n. 406.

pflegte. Auch wenn der zweite vers der grabschrift von Ikonion (d) erst späterer zuwachs sein sollte, kann doch für jenes gedicht, dem das digamma in οἶκος schon geschwunden ist, ein hohes alter nicht vorausgesetzt werden. Aber es ist begreiflich, dass wenigstens in landschaften, welche erst später in die strömung der hellenischen cultur hereingezogen wurden, die alte form des hexameters im gebrauche volksthümlicher dichter sich noch lange erhalten konnte. Was hinderte den ursprünglichen dichter λίποι zu setzen, so gut wie die Smyrnaeische wittwe bei Kaibel *epigr.* n. 241a 6 p. 521 einen pentameter bildete

τρίσσ' ἐν ἐμοῖς κόλποις ὀρφανὰ τέκνα λιπών?

was hinderte die entleiher der formel die einfache änderung vorzunehmen, wie neuere epigraphiker [16] sie verlangen? Der dichter konnte, ohne mit der metrik in conflict zu kommen, die mediale form mit ihrer volleren bedeutung verwenden, und für die entleiher stand der vers, wie er da war, fest. Anstoss konnte freilich an solchem versbau das volk Phrygiens nicht nehmen, dem hexameter wie

ἄνθεα πάντα φύουσιν, ‖ κάλλος δὲ τὸ σὸν μεμάρανται

und κλαύσατε δαίμονα πάντες, ‖ Θεοδώρας νεότηταν [17], oder auch mit vernachlässigung des auftakts in der zweiten vershälfte

οὐκ ἄστρων δρόμος ἔστιν, ‖ οὐρανόθεν δὲ σελήνης [18]

zu ohren kamen. Niemand wird fälle wie die zuletzt beiläufig erwähnten als belege für die zu erweisende thatsache heranziehen

---

[16] Waddington zu Le Bas n. 716 p. 221 'λίποιτο doit être une erreur du lapicide pour λίποι', auch J. Franz *CIGr* 3, 15 hat diese correctur in klammern zugefügt.

[17] aus einer Phryg. grabschrift bei Kaibel n. 368, 4. 8.

[18] ebend. n. 372, 7.

wollen; sie stehen mitten unter gröblichen missbildungen,
die an dem metrischen unvermögen der verfasser keinen
zweifel lassen. Mir gelten auch sie als beweis des unwillkürlichen fortwirkens einer alten längst verschollenen
form, aber ich erwarte von niemandem dass er sie mit
dem gleichen wohlwollen betrachte. Durch einmischung
fraglicher oder gar bedenklicher beweisstücke [19] kann der
umfang, aber nicht die überzeugende kraft der beweisführung vermehrt werden. Gleichwohl kann ich nicht um-
hin eine frage aufzuwerfen.

Die ausgrabungen in Olympia haben die merkwürdige künstlerinschrift des fünften jahrhunderts zu tag ge-
fördert [20]

Ξυνὸν Ἀθανοδώρου τε καὶ Ἀσωποδώρου τόδε ϝέργον,
χῶ μὲν Ἀχαιός, ὃ δ' ἐξ Ἄργεος εὐρυχόρου.

Zu dem tadellosen pentameter steht der aus den fugen ge-
gangene hexameter in auffallendem widerstreit, und doch
gibt eingang und schluss des ersten verses die absicht,

---

[19] ein vers des merkwürdigen löwendenkmals (Kaibel n. 96)
lautet

ἀλλὰ φίλοι γ' ἤμυναν ‖ καί μοι κτέρισαν τάφον οὕτηι,

ganz nach dem alten schema gebaut. Aber wer wird sich von dem
Phoenikier über die urform des griechischen hexameters belehren
lassen?

[20] herausg. von E. Curtius Archaeol. zeit. 1878 jahrg. 36, 181 f.,
in Roehls *IGA* n. 41, bei Loewy Inschriften griech. bildhauer
n. 30 p. 25. Aehnlich wie hierüber möchte ich über den ver-
fehlten hexameter einer Dodonaeischen weihinschrift *IGA* 502

Τερψικλῆς τῷ Δὶ Νάῳ ῥαψῳδὸς ἀνέθηκε

urtheilen; der verfasser kann nicht den verdacht metrischen unvermö-
gens erregen. ἀνατιθέναι ist unvermeidliches *verbum proprium*; der
widmende durfte es auf der urkunde nicht preis geben gegen ein
metrisch richtiges wort wie ἔθηκε (wie z. B. Anth. Pal. XI 150)
oder anderes.

einen hexameter zu bauen, bestimmt zu erkennen. Für
den stein, eine ewige urkunde, war freilich die genaue
angabe des namens unerlässlich: war sie es ebenso für
den vers, wenn er, mit dem laute verklingend, gesprochen
wurde? Lateinische dichter haben dem publicum von
dem namen der gefeierten geliebten nur eine im silben-
werth gleichkommende nachbildung zu lesen gegeben, ein-
geweihte konnten ohne schädigung des verses den wahren
namen an die stelle setzen: könnte auf monumenten nicht
der gerade umgekehrte fall vorgekommen sein, dass der
urkundlichkeit halber der wirkliche aber unmetrische name
gesetzt, dagegen eine metrisch correcte synonyme namens-
form von dem dichter gedacht und vom zeitgenössischen
leser gesprochen wurde? Setzen wir die entsprechenden
formen auf -δοτος, so erhalten wir einen tadellosen vers,
wenn auch altfränkischer gestalt

Ξυνὸν Ἀθανοδότου τε ‖ καὶ Ἀσωποδότου τόδε ϝέργον,

und verstehen warum der steinmetz trotz überschiessenden
raums am ende der ersten vershälfte innehielt und die
zweite zeile mit der andern hälfte füllte.

Auch nachdem die entwicklung der epischen dichtung die beiden hälften unablöslich an einander gerückt
hatte, ist die erinnerung an die ursprünglich selbständigere
natur der beiden glieder noch lange bewahrt worden.

Bei den im j. 1883 mit grossem erfolg vorgenommenen
ausgrabungen in Eleusis wurde ein schwungblei (ἁλτήρ)
gefunden mit alterthümlicher, noch bustrophedon laufen-
der inschrift[21]

Ἀλ(λ)όμενος νίκησεν : Ἐπαίνετος οὕνεκα τοῦδε :

Der hexameter ist bereits mit vollständiger durchführung
des daktylischen maasses auch im dritten fusse gebaut,

---

[21] Ephemeris archaeol. 1883 heft III p. 190.

aber er hält die alte trochaeische dihaerese fest. Merkwürdig und wichtig wird er dadurch, dass das bewusstsein der selbständigkeit beider glieder in der starken interpunction hervortritt, durch welche beide hälften abgeschlossen werden, ohne dass der gedanke zu einer trennung irgend einen anlass böte. Das gleiche beobachten wir auf einer weihinschrift der akropolis, die durch ihre anwendung des koppa fast einzig dasteht und dem VII bis VI ten jahrh. angehört [22] ϟου[φαγόρας μ' ἀνέθη]κεν : Διὸς ϟλαυϟώπιδι ϟούρηι. Nur die stelle der dihaerese hat eine interpunction erhalten. Man hat die inschrift als beleg dafür angeführt, dass ν (ἐφελκ.) ʿauch etwa gesetzt wird, wo das metrum dasselbe zu lesen verbietetʾ [23]. Da der den vers störende buchstabe gleichzeitig mit einer interpunction auftritt, welche trotz des fortlaufenden gedankens den vers in zwei hälften zerlegt, so ist jener ausweg verbaut. Wir dürfen und müssen diesen vers den sicheren beispielen zurechnen, welche uns das inschriftliche material für die ältere gestalt des griechischen hexameters geliefert hat.

---

[22] *CIA* I 355 p. 182 vgl. Kirchhoff, Studien z. gesch. des gr. alphabets p. 70² (ein zweites inschriftliches koppa weist er p. 82 der 3. aufl. nach), Kaibel epigr. n. 738. Κου[φαγόρας hat Kirchhoff ergänzt nach Herod. VI 117; man könnte auch an Κου[ραγόρας] denken nach analogie der von Letronne Mém. de l'acad. des inscrr. t. XIX 1 p. 51 besprochenen namen; die quantität des ā würde übereinstimmen mit Ἀθηναγόρας (Anth. Pal. VII 469. XI 35, 2. 150), Ἀρχαγόρας (Kaibel epigr. 948, 6) und Ἑρμαγόρας (Kaibel 687, 3. 809. 1), anders Λαμψαγόρας Eph. arch. 1884 p. 86.

[23] K. Meisterhans, Grammatik der att. inschriften p. 47. Er hätte dafür *CIA* I n. 472 (Kaibel n. 9) anführen können, aus alexandrinischer zeit *CIGr* 2439, 2 (Kaibel 189), aus späterer Kaibel n. 270, 3. 347, 4. 402, 1. 443, 1. 616, 6.

Auf einer dritten attischen inschrift, aus dem VI jahrh., hat A. Kiessling an gleicher stelle ein trennungszeichen ermittelt und dadurch einen sprachlichen anstoss überzeugend gehoben. Geschrieben steht[24]

ἔστησ' ἐγγὺς ὁδῶι ἀγαθοῦ καὶ [σώφρονος ἀνδρός],

den erforderlichen genetiv ὁδοῦ erhält man, wenn man HO‖ΔO: liest anstatt HO‖ΔOI. Aber noch ein weiterer gewinn ergibt sich, der, wenn sie es überhaupt bedürfte, Kiesslings vermuthung noch fester stützen könnte: wenn der verfasser des epigramms die beiden hälften des verses als selbständige glieder nahm, war er auch zu dem hiatus vollauf berechtigt, der die beiden hälften so deutlich für das ohr scheidet, wie das trennungszeichen für das auge.

Bei dieser sachlage wird man nun wohl, wie verschiedenartig auch immer der brauch älterer griechischer steinmetzen in setzung und unterlassung dieser zeichen war, nicht mehr den blossen zufall für die obigen interpunctionszeichen verantwortlich machen. Die verfasser dieser epigramme behandelten den hexameter wie einen doppelvers aus zwei trochaeisch auslautenden daktylischen tripodien, und gaben ihrem bewusstsein ausdruck durch das trennungszeichen. Es würde für die schwebende frage vollkommen genügen, auch wenn jene dichter sich nur von einem unwillkürlichen gefühl hätten leiten lassen. Thatsächlich hatten sie es aber in der schule gelernt, dass der hexameter aus zwei hälften bestehe und dass die erste mit dem dritten trochaeus abschliesse. Das war die lehre, die noch von musikern und von musikalischen philosophen des fünften jahrhunderts anerkannt und vorgetragen wurde.

---

[24] *CIA* I n. 465, mit Kiesslings berichtigung Kaibel epigr. gr. n. 3.

Wir entnehmen das einem zeugniss des Aristoteles, das
schon Bergk [25] beachtet hat und mir H. Diels zu guter
stunde in erinnerung ruft. Gegen ende der metaphysik
spricht Aristoteles von den widersinnigen analogien, durch
welche Pythagoreer mit unverkennbarem anhauch der so-
phistenzeit zahlenverhältnisse der musik zu bewahrheiten
beflissen waren; er vergleicht sie mit den 'alten Homerikern', die bei ihrer allegorischen erklärung Homerischer
götter und helden 'kleine ähnlichkeiten sehen und grosses
übersehen'. Von den vielen tollen einfällen jener Pythagoreer kann er sich nicht enthalten noch einige proben
zum besten zu geben, und voran steht dann der folgende
aus der harmonielehre [26]: die octave (2 : 1 oder 12 : 6) hat
zwei proportionalen 9 : 8 [27], das gibt addiert 17; dass dies
so sei, sieht man am hexameter, der gleich viele, 17 silben
zählt; 'er wird aber gemessen in seinem rechten gliede
durch neun, in dem linken durch acht silben'. Der sogenannte Alexander, der von dem alten hexameter keine

---

[25] s. Poetae lyr. gr. III p. 656.

[26] Arist. met. N 6 p. 1093ᵃ 26 ὅμοιοι δὴ καὶ οὗτοι τοῖς ἀρ-
χαίοις Ὁμηρικοῖς, οἳ μικρὰς ὁμοιότητας ὁρῶσι, μεγάλας [l. μεγάλα]
δὲ παρορῶσι. λέγουσι δέ τινες ὅτι [ἔτι verm. Bonitz; ich würde es
für überzeugend halten, wenn nicht eben dies ὅτι nach dem folgenden οἷον vermisst würde] πολλὰ τοιαῦτα, οἷον αἵ τε μέσαι ἢ
μὲν ἐννέα ἢ δὲ ὀκτώ, καὶ τὸ ἔπος δεκαεπτά, ἰσάριθμον τούτοις·
βαίνεται δ' ἐν μὲν τῷ δεξιῷ ἐννέα συλλαβαῖς, ἐν δὲ τῷ
ἀριστερῷ ὀκτώ. Der falsche Alexander p. 813, 3 ff. begeht den
irrthum, dies und das folgende beispiel den alten Homerikern statt
den Pythagoreischen musiktheoretikern zuzuschreiben, was ich
darum bemerke, weil Bonitz im commentar zur metaph. p. 594 f.
es zu rügen unterlassen hat. Bei Syrianos z. st. p. 941ᵃ 24 ff. ist
von dieser falschen deutung noch nichts wahrzunehmen.

[27] über die sache s. Boeckh in Daub und Creuzers Studien
3, 57 ff. oder Kleine schrr. 3, 145 f.

ahnung haben konnte, hat das gröblich missverstanden;
er schneidet ein am ende des dritten fusses, und erhält
dann mit umkehrung von rechts und links [28]

‿‿ ‿‿ ‿‿ ‖ ‿‿ ‿‿ ‿

rechts : 9   links : 8.

Einer widerlegung bedarf diese auslegung nicht. Es ist
klar, und schon Bonitz hat darauf hingewisen, dass die
theoretiker, deren lehre die Pythagoreer des Aristoteles
anwandten, den einschnitt nach dem dritten trochaeus
machten

‿‿ ‿‿ ‿ ‖ ‿ ‿‿ ‿‿ ‿

links : 8   rechts : 9.

Die alte theilung des epischen verses hatte sich also bis
ins fünfte jahrhundert im brauch, bis ans ende desselben
oder noch darüber im theoretischen bewusstsein lebendig
erhalten, unerachtet eine engere fugung durch die haupt-
caesur längst üblich geworden war.

---

[28] Ps. Alex. p. 813, 23 (Syrianos liess ihn hier im stich)
βαίνεται δὴ ἐν μὲν τῷ δεξιῷ ἤ τοι τῷ ἡμίσει τοῦ στίχου τῷ ἀπὸ
τῆς ἀρχῆς ἕως τοῦ μέσου ἐν ἐννέα συλλαβαῖς, τῷ δ' ἀριστερῷ
τουτέστι τῷ λοιπῷ ἡμίσει τῷ ἀπὸ τοῦ μέσου ἕως τοῦ τέλους ἐν
ὀκτώ. Die richtige erklärung gab Bonitz comm. p. 595. Bergk
a. o. (s. anm. 25) hat sich durch die spur einer scheinbar überein-
stimmenden lehre bei Marius Victorinus III 4, 9 f. (GL VI p. 108,
17—26) vgl. Plotius Sacerdos ebd. p. 514, 28. 544, 15 bestimmen
lassen die erklärung des falschen Alexander anzuerkennen; zur richtigen auffassung der nicht ganz heilen stelle des Victorinus wird
man Victorin. de metr. Hor. p. 182, 14 f. nicht überschn dürfen;
was danach nicht geläugnet werden kann, dass das unwillkürliche
antreten mit dem rechten fuss auch auf rythmische verhältnisse angewandt wurde, lässt sich nur nicht auf die angabe des Aristoteles
übertragen. — Freudenthal wird trotz seiner annahme über die zeit
des fälschers (Abh. der Berl. akad. 1884 p. 53 f.) einräumen, dass
dessen theorie des hexameters der technik des Johannes Tzetzes
erheblich näher steht als der des Nonnos und seiner gefolgschaft.

III

In einer bahnbrechenden gelegenheitsschrift hat bereits Theodor Bergk[1] den ursprung des hexameters aufzuhellen gesucht. Er glaubte die bestandtheile desselben in zwei volksthümlichen, auch in der lyrik viel gebrauchten formen des kurzverses zu entdecken, dem sogenannten enhoplios

$$\times\,\_\,\cup\cup\,\_\,\cup\cup\,\_$$

wie bei Sappho fr. 82[2] αὖτα δὲ σὺ Καλλιόπα oder im paean auf Lysander (c. pop. 45) τὸν Ἑλλάδος ἀγαθέας, und dem paroemiacus

$$\times\,\_\,\cup\cup\,\_\,\cup\cup\,\_\,\overline{\cup}$$

wie z. b. bei Alkman fr. 22 πρέπει παιᾶνα κατάρχειν.

Indem er die häufige anwendung dieser gebilde aus inschriften, volksliedern und der metrik der lyrischen dichter nachwies, glaubte er den beweis erbracht, dass diese so weit und lange verbreiteten versformen, wie sie für den 'lyrischepischen charakter' der ältesten dem epos vorausliegenden einzellieder geeigneter waren, so auch älter seien als der hexameter[3], und kann so den hexameter nach abfall der den enhoplios einleitenden auftaktsilbe durch mechanisches

---

[1] Th. Bergk, Ueber das älteste versmass der Griechen. Programm der universität Freiburg 1854. 4, jetzt zugänglicher in Bergks Kleinen philol. schriften 2, 392 ff.

[2] ich führe die fragmente der lyriker nach der vierten ausgabe der Bergk'schen sammlung (Lips. 1878—82) an, die reste von volksliedern mit der blossen angabe *pop.* und der nummer bei Bergk (t. III p. 654 ff.).

[3] Kleine philol. schrr. 2, 393.

zusammenrücken des enhoplios und paroimiakos

$$\_ \cup\cup \_ \cup\cup \_ \; \| \; \underline{\cup} \_ \cup\cup \_ \cup\cup \_ \sigma$$

entstehn lassen. Durch seine durchmusterung der umbildungen, welche jene beiden formen des kurzverses in der
griechischen volks- und kunstdichtung erfahren haben, hat
Bergk den ersten grund zu einer organischen oder, was
dasselbe sagt, historischen betrachtungsweise der griechischen metrik gelegt, und ich rechne ihm das als ein
grosses verdienst an. Aber das ergebniss verläugnet den
geist, von dem der aufbau getragen ist. Seine erklärung
des hexameters ist und bleibt eine mechanische, und die
vorangegangenen untersuchungen haben ihr den boden
entzogen: sie ist unvereinbar mit den gegebenen thatsachen.

Eine begründung wie sie überzeugung wecken kann
und glauben fordern darf, hat in Bergks annahme nur der
satz, dass die zweite hälfte des hexameters identisch mit
dem paroemiacus sei, und er liess sich noch besser begründen. Ich sehe hier ab von der rolle, welche dieser
kurzvers auf inschriften, in volkspoesie und lyrik spielt:
diese werden wir von einem vorgeschobenen standpunkt
aus besser würdigen. Aber wohl lässt sich aus dem epos
selbst der beweis führen für das alter des kurzverses.

Dieser kurzvers trägt seinen namen p a r o i m i a k o s
mit grösserem rechte als so viele andere von˙den grammatikern nach zufälligkeiten benannte metra. In der that
war er das allgemein übliche maass, in welchem sprichwörtliche weisheit und redensarten (παροιμίαι) ausgeprägt
zu werden pflegten[4]. Der fleiss neuerer gelehrten hat

---

[4] Hephaestio c. 8 τὸ δὲ δίμετρον καταληκτικὸν καλεῖται μὲν
παροιμιακὸν διὰ τὸ παροιμίας τινὰς ἐν τούτῳ τῷ μέτρῳ εἶναι u. a.

allmählich beiläufig 115 verse dieser art gesammelt[5], welche
einer planmässigen vergleichenden bearbeitung sehr würdig wären. Ihr hohes alter bekunden manche derselben
noch durch die anwendung von kunstmitteln, welche die
griechische poesie sonst frühzeitig zu verschmähen sich
gewöhnte, wie der alliteration

αἴρειν ἔξω πόδα πηλοῦ,

der assonanz

ἀγαθοὶ δ' ἀριδάκρυες ἄνδρες,

des asyndetischen parallelismus

ἄλλοι κάμον, ἄλλοι ὄναντο.

Und so gewiss spruchpoesie uralt, älter als die hauptmasse des Homerischen epos ist, so gewiss ist auch die
anwendung dieses kurzverses für spruchweisheit älter als
die epische ausgestaltung des hexameters. Die entwicklung der griechischen dichtung hat auch in der spruchpoesie schichten abgelagert, über deren zeitliche scheidung
im grossen und ganzen ein zweifel nicht bestehen kann.
Wenn wir bei Theophrast[6] noch eine vereinzelte bauernregel über das wetter im alten spruchvers ausgeprägt finden

φιλεῖ δὲ νότος μετὰ πάχνην,

und daneben hexametrische wetterregeln, wie

οὔ ποτε νυκτερινὸς βορέας τρίτον ἵκετο φέγγος

---

[5] Meineke zu Theokritos p. 454 ff. hat 88 sprichwörter von
dieser form zusammengestellt, weitere haben A. Nauck Mélanges
gréco-rom. 3, 151 f. und M. Haupt im Hermes 5, 320 f. (Opuscula
3, 544) hinzugefügt. Dazu kommen aus der erst von E. Piccolomini hervorgezogenen sprichwörtersammlung des Maximus Planudes
nicht nur n. 268, sondern auch n. 49 μέχρι τοῦ τρίτου τὸ ἀληθές,
vielleicht (mit umstellung von βοηθός) n. 13 βοηθὸς ἀδελφὸς ἀδελφοῦ:
in älterer fassung ἀδελφὸς ⟨ἂν⟩ ἀνδρὶ παρείη (Plato Rep. II p. 362d).

[6] Theophr. de ventis 50 ὅθεν καὶ ἡ παροιμία· φιλεῖ κτλ.
Eine sammlung metrischer wetterregeln gibt Bergk PL 3, 670.

oder

τὸν σικυὸν τρώγουσα, γύναι, τὴν χλαῖναν ὕφαινε [7]

ausdrücklich als sprüche angeführt sehen, wenn wir dazu
eine tischregel wie

σῦκον μετ' ἰχθύν, ὄσπριον μετὰ κρέας [8]

in iambischem trimeter halten, so haben wir die drei haupt-
schichten griechischer spruchdichtung [9]. Die lehrhafte dichtung der Hesiodeer brachte den hexameter, tragödie und
komödie den iambischen trimeter zur herrschaft: beiden
war der paroemiacus lange voran gegangen.

Schon im Homerischen epos sind alte sprüche dieser
form zur verwendung gebracht worden. In der Ilias lesen
wir P 31 f. und übereinstimmend Υ 197 f.

μηδ' ἀντίος ἵστασ' ἐμεῖο,

πρίν τι κακὸν παθέειν· ῥεχθὲν δέ τε νήπιος ἔγνω:

wir dürfen diesen spruch um so sicherer als älteres gut
ausscheiden, als das schon die alten grammatiker gethan [10],
und derselbe mit geringer variation auch in der gnomi-
schen poesie selbst, in Hesiods Werken 218

παθὼν δέ τε νήπιος ἔγνω

---

[7] Arist. probl. 26, 9 διὰ τί λέγεται Οὗ ποτε κτλ., und bestimmter Athen. III p. 73d παροιμία· τὸν σικυὸν κτλ.

[8] Athen. III p. 80e καὶ παροιμίας δὲ οἶδα περὶ σύκων λε-
γομένας τοιάσδε· σῦκον κτλ.

[9] auch elegie und lyrik haben gnomische lebensweisheit präg-
nant ausgeprägt und in umlauf gesetzt, aber nicht eine besondere
zur selbständigen bildung von sprichwörtern weiter benutzte form
geschaffen. Eine wetterregel in elegischem distichon hat Theo-
phrastos aufbewahrt (Bergk pop. 40): volksthümlich war diese form
nicht.

[10] schol. zu P 32, Λ: ὅτι δὲ εἰς παροιμίαν παραδέδοται, λέγει
καὶ Πλάτων, BL: παροιμιακὸν δὲ τοῦτο, D: τοῦτο ἀπὸ παροιμίας
εἴληπται.

uns wieder begegnet. In dieser Hesiodeischen form lief
der vers als sprichwort um [11], und bei genauerem zusehn
erfordem sogar die beiden Iliasstellen die gleiche fassung:
an das κακόν παθέειν kann sich nach gesunder logik nur
παθών anschliessen; das überlieferte ῥεχθέν ist bedingt
durch die nothwendigkeit dem dritten fuss daktylische
messung zu geben. Es ist sehr möglich dass es erst
durch fortsetzer oder 'umschreiber' eingeführt worden ist.
Die wörtliche wiederholung der drei verse, welche durch
das sprichwort abgeschlossen werden, an einer zweiten
stelle macht es wahrscheinlich dass sie zu älterem gemein-
gut der rhapsoden gehörten; der ältere dichter war dem
zwang des daktylus im dritten fuss noch nicht unterworfen,
und konnte, einerlei wie er den ersten halbvers geschlossen
hatte, ob mit trochaeischem ausgang oder katalektisch, den
zweiten mit beliebigem auftakt beginnen.

In der Doloneia Κ 303 f. möchte Hektor einen der
Troer zu einem kundschaftergang an das griechische
schiffslager veranlassen; er begründet seine rede

τίς κέν μοι τόδε ϝέργον ὑποσχόμενος τελέσειεν
δώρῳ ἔπι μεγάλῳ; μισθὸς δέ ϝοι ἄρκιος ἔσται usw.

Dieselbe wendung wiederholt sich in der Odyssee, wo
Eurymachos den vermeintlichen bettler Odysseus mit der
frage neckt (σ 357 f.)

ξεῖν', ἦ ἄρ κ' ἐθέλοις θητευέμεν, εἴ σ' ἀνελοίμην,
ἀγροῦ ἐπ' ἐσχατιῆς, μισθὸς δέ τοι ἄρκιος ἔσται.

Es ist längst bemerkt worden, dass hinter dieser auf den
einzelnen fall gewendeten formel eine alte sprichwörtliche
redensart liegt, welche zu einem hexameter erweitert in
die Hesiodischen Werke v. 370 aufgenommen ist

---

[11] s. Platons Sympos. p. 222 b καὶ μὴ κατὰ τὴν παροιμίαν
ὥσπερ νήπιον παθόντα γνῶναι.

μισθὸς δ' ἀνδρὶ φίλῳ εἰρημένος ἄρκιος ἔστω,

mit bewahrung des ursprünglich unerlässlichen imperativs.
Man schrieb diesen vers der Werke dem Pittheus von
Trözen zu, einem vertreter alter volksthümlicher weisheit[12]:
in dieser überlieferung sprach sich das alter und die
weit über den wirkungsbereich des Hesiodischen gedichts
reichende geltung des sprichworts aus. Aber sollte der
gedanke in ursprünglicher form gegeben werden, wie er
aus dem munde des alten Pittheus hervorgehen konnte,
so durfte er nicht in einen hexameter gekleidet sein,
durfte nicht auf kosten des sinns ein so ungehöriges füllsel
wie ἀνδρὶ φίλῳ aufnehmen, sondern musste als knapper
paroemiacus

μισθὸς δέ τοι ἄρκιος ἔστω

auftreten: dass es so war, beweisen die Homerischen
anwendungen.

Wir sind unwillkürlich auf Hesiods Werke hingeführt
worden, wo an einigen orten förmliche ablagerungen alter
spruchweisheit eingelegt sind. Die mache und technik
dieser partien wird noch deutlicher werden als in dem
vorbesprochenen falle, wenn wir v. 217 f. etwas aufmerk-
samer als gewöhnlich geschieht lesen

δίκη δ' ὑπὲρ ὕβριος ἴσχει

ἐς τέλος ἐξελθοῦσα, παθὼν δέ τε νήπιος ἔγνω.

Ohne aufmerksam gemacht zu sein empfindet man die ungeschicklichkeit der worte ἐς τέλος ἐξελθοῦσα statt des
prosaischen ἐπὶ τοῦ τέλους ; doch sei es unbeanstandet,
da mit leiser änderung ἐξελθοῦσι (besser wäre freilich der
singular) sich herstellen lässt. Aber den dritten halbvers

---

12 Aristoteles bei Plut. Theseus 3 in Rose's Ar. pseudep.
fr. 548 p. 534, in der neuesten ausgabe fr. 598.

— 49 —

kennen wir bereits als alten spruchvers, der erste gibt
sich nicht minder als ebenso vortrefflich gedachter wie
körnig gefasster spruch zu erkennen: was ist der zweite,
von dem wir ausgiengen, anderes als nichtsnutziges füllstück eines rhapsoden, der perlen alter spruchweisheit an
einander reihte?
Wenn wir v. 380

πλείων μὲν πλεόνων μελέτη, μείζων δ' ἐπιθήκη

neben v. 411 f. stellen

οὐ γὰρ ἐτωσιοεργὸς ἀνὴρ πίμπλησι καλιὴν
οὐδ' ἀναβαλλόμενος· μελέτη δέ τοι ἔργον ὀφέλλει,

so ist in der zweiten stelle schwer das original zu verkennen

μελέτη τοι ϝέργον ὀφέλλει,

das der verfasser der ersten commentiert und zu einem
hexameter erweitert hat.

Einen weiteren einblick in die mache gewährt v. 346

πῆμα κακὸς γείτων ὅσσον τ' ἀγαθὸς μέγ' ὄνειαρ.

Alkman hatte den gleichen gedanken verwendet fr. 50

μέγα γείτονι γείτων,

indem er durch nachdrückliche betonung des adjectivs
den fehlenden begriff des gutes ersetzte und so dem tri-
vialen sprichwort eine neue, eigene prägung gab; das
sprichwort das ihm vorschwebte kann nur gelautet haben[18]

ἀγαθὸν μέγα γείτονι γείτων.

Der rhapsode, welcher den verwandten vers der Werke
bildete, hatte einen anderen paroemiacus vor sich

ἀγαθὸς γείτων μέγ' ὄνειαρ,

---

[18] schol. V zu X 305 μέγα ῥέξας τι: λείπει τὸ ἀγαθόν,
ὡς Ἀλκμάν 'Μέγα γείτονι γείτων'. Vorgebildet war die empha-
tische verwendung des μέγα bereits durch das alte πόλλ' οἶδ' ἀλώπηξ, ἀλλ' ἐχῖνος ἓν μέγα (unten abschn. VII).

4

dem er dadurch hexametrische form gab, dass er den gedanken durch vorschiebung des gegensatzes erweiterte.

Solche müssige, des verses wegen mit den haaren herbeigezogene gegensätze haben öfter dazu dienen müssen einen alten spruch dem Hesiodeischen gedicht nutzbar zu machen :

311 ἔργον δ' οὐδὲν ὄνειδος, ἀεργίη δέ τ' ὄνειδος
355 δώτῃ μέν τις ἔδωκεν, ἀδώτῃ δ' οὔ τις ἔδωκεν;
bei 471   εὐθημοσύνη γὰρ ἀρίστη
θνητοῖς ἀνθρώποις, κακοθημοσύνη δὲ κακίστη

könnte man zweifeln, ob nicht zwei parallele paroemiaci durch das thörichte füllstück θνητοῖς ἀνθρ. zusammengeleimt seien, wenn nicht das nur des gegensatzes wegen geprägte und nie in gebrauch gekommene wort κακοθημοσύνη uns nöthigte blos den ersten als älteren spruch anzuerkennen. Vielleicht ist auch v. 368 f.

ἀρχομένου δὲ πίθου καὶ λήγοντος κορέσασθαι,
μεσσόθι φείδεσθαι· δειλὴ δ' ἐνὶ πυθμένι φειδώ

das vorausgehende, so gut es auch gedacht und gesagt ist, nur auslegung der markigen gnome am schluss.

Auch der fall wird wie im Homerischen epos so auch bei Hesiodos weit häufiger vorgekommen sein als wir jetzt nachzuweisen vermögen, dass ein alter spruch dem augenblicklichen zweck angepasst und umgebildet wurde oder auch gleichsam als form diente, über die man einen anklingenden gedanken goss. Deutlich ist das in den Werken

40 νήπιοι, οὐδὲ ἴσασιν ὅσῳ πλέον ἥμισυ παντός,

worte denen das alte sprichwort [14] zu grunde liegt

---

[14] über das sprichwort s. Aristoteles soph. el. 33 p. 183 b 22 eth. Nic. I 7 p. 1098 b 7, v. Leutsch zu Diogen. II 97 (Paroemiogr. Gott. 1, 213) und über die form M. Haupt im Hermes 5, 320 (Opusc. 3, 544).

ἀρχὴ δέ τοι ἥμισυ παντός.

Nach solchen beobachtungen können wir wissen, wie wir über den ursprung von versen zu denken haben wie bei Hesiodos

352 μὴ κακὰ κερδαίνειν· κακὰ κέρδεα ἶσ' ἄτῃσιν

oder 730 μηδ'ἀπογυμνωθῇς· μακάρων τοι νύκτες ἔασιν

und im Homerischen epos

N 115 ἀλλ' ἀκεώμεθα θᾶσσον· ἀκεσταί τοι φρένες
ἐσθλῶν.

Bergk kannte keinen aus zwei paroemiaci zusammengesetzten spruch [15]: auch hier kommt die Hesiodische sammlung uns entgegen. Der vers der Werke

348 οὐδ' ἂν βοῦς ἀπόλοιτ', εἰ μὴ γείτων κακὸς εἴη

zerlegt sich unwillkürlich und, ich glaube, überzeugend in die zwei halbverse

οὐδ' ἄν σοι βοῦς ἀπόλοιτο,
εἰ μὴ γείτων κακὸς εἴη.

Es lässt sich erwarten, dass dieselben erscheinungen sich in anderen auf Hesiodos namen geschriebenen dichtungen wiederholten, vornehmlich in den ethisch lehrhaften, wie die 'Mahnungen Cheirons' es waren, welche schon zeitig im fünften jahrhundert eingang in die schulen Athens gefunden hatten [16]. Zum belege können noch einige bruchstücke dienen

fr. 213 Marcksch. (248 Rzach) ὥς κε πόλις ῥέζῃσι, νόμος δ' ἀρχαῖος ἄριστος

und der von den sammlern ausser Goettling (fr. 181) verschmähte vers

ἀρκεῖσθαι παρ' ἑοῖς, τῶν δ' ἀλλοτρίων ἀπέχεσθαι.

Selbst aus Theognis' spruchsammlung lassen sich mit

---

[15] Bergk, Kl. philol. schrr. 2, 395.

sicherheit solche alte sprichwörter gewinnen. Ich habe
schon früher[17] auf die bei Theogn. 147 f. offen liegende
thatsache hingewiesen, dass ein als sprichwort umlaufen-
der hexameter durch anfügung eines inhaltlosen pentameters mit anrede an Kyrnos zu einem Theognideischen
distichon gestempelt wurde. Ein ähnlicher vorgang ist für
v. 621 f. vorauszusetzen

Πᾶς τις πλούσιον ἄνδρα τίει, ἀτίει δὲ πενιχρόν·
πᾶσιν δ' ἀνθρώποις αὐτὸς ἔνεστι νόος.

Dass der pentameter ein blosser lückenbüsser ist, wird
jeder einsehn der den gedanken wägen mag. Noch schwe-
reren bedenken unterliegt der hexameter. Keine nach-
ahmung später versbauer, kein citat jüngerer grammatiker[18]
kann über den anstoss hinausheben, den die verletzung
eines festen gesetzes griechischer wortbildung in ἀτίει gibt;
die aushilfe eines futurum ἀτιεῖ wird durch die straffe ent-
gegenstellung der glieder ausgeschlossen; erst philosophen
haben sich erlaubt dem scharfen ausdruck des gegensatzes
das sprachgesetz zu opfern. Noch ein anderes bedenken
kommt hinzu. Ich weiss nicht, ob schon daran erinnert
worden ist, dass das indefinitum τις nebst seinen ablei-
tungen adjectiven und anderen pronomina erst von den
attischen dichtern zur limitierung beigegeben wird[10]; selbst

---

[16] s. Marckscheffel, Hesiodi Eumeli etc. fragm. p. 175 ff. und
Bergk De comoediae Att. ant. rell. p. 219. 225 f.

[17] in Fleckeisens jahrbüchern von 1878 b. 117, 69 f.

[18] s. Lobecks parerga Phrynichi p. 563. Dass unsere lexi-
kographen Aesch. Eum. 541 ἀθέῳ ποδὶ λὰξ ἀτίσης als beleg für
ἀτίω anführen können statt es zu ἀτίζω (Hom. Υ 166) zu stellen,
mögen sie selbst verantworten.

[19] Aesch. Agam. 1205 und 1651 πᾶς τις, dann Herodotos
usw. Die zeit von Pindars isthm. 1, wo v. 43 πᾶς τις vorkommt,
ist nicht bekannt. Solons fr. 27 (v. 7 πᾶς τις) ist schon von

das einfache πᾶς für 'jedermann' ist dem Theognideischen
sprachgebrauch fremd, obwohl es schon durch zwei Homerische stellen[20] belegt werden kann. Durch diese verstösse gegen die ältere sprache erhält der unmittelbare
eindruck, den der hexameter auf jeden machen muss, der
an den Hesiodischen sprüchen sein auge geschärft hat,
eine feste unterlage. Ein einfacher in altem kurzvers aus-
geprägter gedanke war durch zufügung des gegensatzes
zu einem hexameter ausgefüllt worden, und der kürzere
vers lautete wohl kaum anders als

τίει πᾶς πλούσιον ἄνδρα.

Die erweiterung dieses verses konnte nicht früher erfolgen
als in der epoche, wo die Theognideischen elegien für das
bedürfniss der Athenischen schule in gnomische fragmente
zerpflückt und durch verwandte zusätze vermehrt wurden,
d. h. im laufe des vierten jahrhunderts v. Chr. [21].
Bei der hochzeit des Kadmos, so berichtet Theognis
v. 15 ff., waren mit den übrigen göttern die Musen und
Charitinnen erschienen und sangen den vers

ὅ ττι καλόν, φίλον ἐστί· τὸ δ' οὐ καλὸν οὐ φίλον ἐστί.

Als alten sprichworts gedenkt Platon im Lysis p. 216° der
sentenz: καὶ κινδυνεύει κατὰ τὴν ἀρχαίαν παροιμίαν τὸ
καλὸν φίλον εἶναι. Dieselbe positive fassung hat Euripides
in den Bakchen v. 881 und 901 als ephymnion verwendet

ὅ τι καλόν, φίλον ἀεί.

Ahrens im Philol. 3, 227 u. a. Solon abgesprochen. Für Theognis
22 hat I. Bruns (De legum Plat. comp., diss. Bonn. 1877, these II)
überzeugend ὧδε δ' ἕκαστος ἐρεῖ statt δὲ πᾶς τις vorgeschlagen.
[20] Ilias Π 265 πρόσσω πᾶς πέτεται und Od. v 313.
[21] die zeit ergibt sich, abgesehen von dem zeugniss des Iso-
krates r. 2, 43 für den schulgebrauch, aus der oben anm. 17 berührten thatsache.

Die negative wurde von Valckenaer gewiss richtig erkannt
in Phoen. 814

οὐ γὰρ ὃ μὴ καλόν, οὔ ποτ' ἔφυ φίλον[22].

Die Theognideische gestaltung des gedankens ist vermuth-
lich unverändert einem epischen gedicht entnommen, das
die hochzeit des Kadmos schilderte, entweder der The-
bais[23] oder den Hesiodischen Eöen. Aber schon dies epos
hatte den gedanken aus dem volksmund geschöpft; die
hohle tautologie des gegensatzes konnte erst durch die
umprägung zum hexameter entstehn. Man erwartet auch
τὸ δὲ μὴ καλόν, und so könnte man glauben einen jener
älteren hexameter aufzudecken, müsste nicht eingeräumt
werden, dass der gegensatz die anwendung der negation
οὐ genügend rechtfertige. Aber aus den angeführten an-
spielungen erhellt, dass im volksmunde die beiden glieder
des gegensatzes nicht wie in dem epischen vers unge-
schickt vereinigt, sondern getrennt und gleichberechtigt
umliefen, etwa

αἰεὶ τὸ καλὸν φίλον ἐστίν

und τὸ (oder ὃ, ὅ τι) μὴ καλὸν οὐ φίλον ἐστίν.

---

[22] überliefert ist οὔ ποτ' ἔφυ καλόν. s. Valckenaer z. st.
p. 328 der zweiten ausgabe.
[23] s. O. Jahn, Bilderchroniken s. 75, D².

IV

Wie aus der oben ermittelten vorstufe der vollendete hexameter sich hervorbilden konnte und bei den Griechen musste, ist klar. Offen ist die frage nach der entstehung jener älteren form. Wir haben mittlerweile im paroemiacus einen kurzvers kennen gelernt, der wenigstens gegenüber der Hesiodischen lehrdichtung und einzelnen stücken des Homerischen epos, worin wir seinen spuren begegneten, den anspruch höheren alters mit recht erhebt und vollständig zu der zweiten hälfte des älteren hexameters stimmt. Ist jener kurzvers als abgelöste zweite hälfte der alten langzeile zu betrachten oder war diese langzeile selbst aus früher selbständigen reihen zusammengewachsen? und wenn das letztere der fall war, wie waren jene älteren kurzverse beschaffen? Es sind dies, wie sich zeigen wird, nicht müssige fragen, aber ihre beantwortung wäre schwerlich zu erwarten, wenn wir die augen ausschliesslich auf das griechische gebiet gerichtet hielten.

So lange als menschliche gemeinschaften sich feierlich an die gottheit gewendet haben, ist ihr auch bitte, dank und lobpreisung in gemessener und gebundener rede dargebracht worden, und das lied war untrennbar von gesang und taktschritt. Den metrischen formen, mit welchen unsere völker in die geschichte eintreten, liegt eine lange entwicklung voraus. Die vergleichung der ältesten erreichbaren versformen, deren sich die völker unserer familie bedient haben, gewährt die aussicht, den gemeinsamen grundstock annähernd zu bestimmen, den unsere völker ein jedes in seine sonderexistenz mitgenommen und in seiner weise umgebildet haben; sie gewährt damit zugleich auch die

mittel, innerhalb der leistungen éines dieser völker die
weitere geschichte und die variationen der grundform
sicherer zu erfassen.

Den weg dazu hat R. Westphals abhandlung Zur
vergleichenden metrik der indogermanischen völker[1] eröffnet, eine leistung deren verdienst durch die übereilun-
gen, zu denen die überraschung des neuen ausblicks ver-
führen musste, nicht geschmälert werden kann. Sein ge-
übtes auge entdeckte in einem erzählenden stück des
jüngeren Zendavesta[2], das noch Westergaard als prosa
drucken liess, metrische form. Mit hilfe der in regel-
mässigem abstand wiederkehrenden wort- und satzschlüsse
beobachtete er, dass in jenem stück immer zwei langzeilen,
die aus halbversen von acht silben zusammengesetzt sind,
sich zu einer strophe verbinden; innerhalb der verse ergab
sich kein anderes princip des baues als 'die bestimmte
anzahl von silben in den fortwährend durch cäsur von
einander abgeschlossenen reihen', sie sind also nach dem

---

[1] in Ad. Kuhns Zeitschrift für vergl. sprachforschung IX
(1860) p. 437—458. Vgl. Westphals kurze darstellung des eranischen und indischen versbaus in der zweiten auflage der Metrik der
Griechen von A. Rossbach und R. Westphal (Leipz. 1868) bd. II
p. 14 ff.

[2] Yaçna IX, bei Westphal p. 446 f.

[3] Auch K. Geldner bestätigt nach verschiedenartigen versuchen die er angestellt, dass 'ein weiteres prosodisches gesetz' als
das der silbenzählung in den gliedern der strophen sich nicht nachweisen lasse (in der anm. 6 genannten schrift p. VII—IX). Ein
rythmus irgend welcher art, immerhin freieren gesetzes, wird schwerlich gefehlt haben, wenn wir ihn auch noch nicht nachweisen
können. Aber sehr voreilig war es, wenn F. Allen (Kuhns Zeitschr. 24, 559 ff.) nach analogie des anushṭubh ohne weiteres iambischen takt für diese eranischen verse forderte.

schema   .... | .... (zweimal)
gebaut. Es war unmittelbar einleuchtend, dass genau dieselbe vers- und strophenform in den Indischen hymnen
des Rigveda zu der bereits entwickelteren gestalt des
anushṭubh fortgebildet ist, dessen beide glieder nach
der weise

     .... ᵕ‿ᵕˇ | .... ᵕ‿ᵕˇ

zu verlaufen pflegen. Hier ist also die blosse silbenzählung bereits durchbrochen : das zweite metron jedes halbverses ist nach maassgabe der quantität iambisch gestaltet;
der ausgang jeder reihe muss den iambischen grundryth-
mus durch strenge beobachtung der silbenquantität rein
hervortreten lassen, während die vorausgehenden vier silben wie in jener ältesten form nach quantität und rythmus
unbestimmt bleiben. Das ist eine behandlung des verses,
die uns auch in der classischen litteratur durch die senare
und langverse des älteren lateinischen dramas vor augen
geführt wird. Länger war schon bekannt dass dieser
vedische anushṭubh das vorbild der geläufigsten epischen
versform des classischen Sanskrit war. Auch der çloka
ist ein aus langzeilen von 2 × 8 silben aufgebautes distichon ; nur ist der eintönige klang des iambischen ausgangs
in beiden halbversen dadurch aufgehoben, dass der ersten
hälfte in der regel antispastischer ausgang gegeben wird.
Im übrigen bewegt sich der rythmus dieser langzeilen in
dem wechsel kurzer und langer silben mit grosser freiheit,
die nur durch gewisse gegenseitige rücksichten der versfüsse auf einander in schranken gehalten wird [4]. Es ent-

---

[4] s. G. II. A. Ewald, Ueber einige ältere Sanskrit-metra. Göt-
tingen 1827 (24 s. klein 8⁰), J. Gildemeister in Chr. Lassens Zeitschr. f. d. kunde des morgenlandes b. V (1844) p. 260 ff. und in
seiner bearbeitung von Lassens Anthologia Sanscritica (Bonn 1868)

steht dadurch eine reiche abwechselung rythmischer modulation, der nur etwa die rythmischen verse des mittelalterlichen latein und der romanischen dichtung, wie Wilhelm Meyer sie uns verstehen gelehrt hat, etwas vergleichbares zur seite stellen [5]. Sucht man aber aus der mannichfaltigkeit des einzelnen die feststehende norm des çlokaverses herauszuziehen, so bleibt ein schema

$$\ldots\ \smile--\smile\ \big|\ \ldots\ \smile-\smile\smile$$

das bis auf den antispast des ersten glieds mit der form des anushtubhs ganz zusammenfällt.

Soweit durften wir uns der führung R. Westphals anvertrauen. Seine metrische entdeckung im Yaçna hat durch das eindringendere studium, das später Rud. Roth in Tübingen und sein schüler K. Geldner dem Zendavesta zugewandt haben, nicht nur bestätigung sondern auch erhebliche erweiterung gefunden [6]. Aber wenn sich West-

---

p. 117 ff., II. Oldenberg in der Zeitschr. der deutschen morgenl. ges. XXXV (1881) p. 181 ff.

[5] In der rhythmischen poesie des abendlandes ist der wortaccent, im çloka die quantität der ausschliessliche träger des rythmus. Nimmt man aber, wie billig, in der classischen poesie zu dem wechsel der längen und kürzen noch die abwechselung des wortaccents, der besonders in der lateinischen poesie sich sehr hörbar macht und für die eigenthümlichkeit der Horazischen kunst *sermoni propiora* zu dichten das wichtigste mittel ist, so tönt uns freilich ein unvergleichlich grösserer reichthum des wohllauts entgegen. Wie stark der wortaccent bei dem vortrag lateinischer gedichte ins ohr fiel, zeigt sich wohl am deutlichsten in den mittelalterlichen umbildungen classischer formen, von denen schliesslich ausser silbenzahl und auslaut nur der grammatische accent fortgeführt wurde; auch an melodien wie von *Integer uitae* kann man es entnehmen.

[6] K. Geldner, Ueber die metrik des jüngeren Avesta, Tübingen 1877.

phal nun anschickt nicht nur den hexameter sondern auch
den pentameter unmittelbar aus versen des Zendavesta
von gleicher silbenzahl herzuleiten [7] und ähnliche versuche
mit dem iambischen dimeter und trimeter, dem vollen wie
dem in unbetonte silbe auslaufenden, anstellt, so ist das
eine übereilung, die allen geschichtlichen sinn verläugnet.
Und doch hat er durch die heranziehung gesicherten
vergleichungsstoffs einen festen grund gelegt ; wir können
darauf weiter bauen. Es sind viele jahre, dass ich durch
die oben vorgelegten beobachtungen an Homerversen die
entstehung des hexameters verstehen lernte: heute, wo ich
anlass nehme über die inzwischen erwachsene litteratur
mich zu unterrichten, freut es mich zu sehn und anzuerkennen, dass bereits ein amerikanischer gelehrter Frederic
Allen von Westphals grundlage aus auf wesentlich deduc-
tivem wege zum gleichen ergebniss geführt worden ist [8].
Es ist mir das eine sehr erwünschte bestätigung. Die
verschiedenheit meines wegs und ziels muss es rechtferti-
gen, dass ich den vorliegenden versuch nicht darum unter-
drücke, weil ein wesentlicher fund mir vorweggenommen
ist. Ich nehme also die untersuchung an dem punkt auf,
bis zu welchem Westphal uns sicher geführt hat.

Ein wesentlicher unterschied zwischen den vergliche-
nen eranischen und altindischen formen einerseits und dem
hexameter liegt darin, dass der letztere als einzelvers ver-

---

[7] s. Westphal a. o. p. 450 f., und über die iambischen reihen
454 f.

[8] 'Ueber den ursprung des Homerischen versmasses' in A.
Kuhns Zeitschr. f. vergl. sprachf. b. XXIV (1879) p. 556 ff., s.
besonders p. 572, 590 f. Eine art von ahnung des sachverhalts
findet sich bei K. Bartsch, Der Saturnische vers und die altdeutsche
langzeile (Leipz. 1867) p. 46 f.

wendet, jene zu distichischen strophen verbunden werden. Diese strophenform ist aber unter den gebilden arischer poesie nicht die einzige, welche wir in betracht zu ziehen haben. Im Rigveda wird neben dem anushṭubh auch eine strophe von drei gliedern verwendet, gâyatrî[9]

$$\left.\begin{array}{l} \ldots\ldots \ \smile\smallsmile\smile \\ \ldots\ldots \ \smile\smallsmile\smile \end{array}\right\}$$
$$\ldots\ldots \ \smile\smallsmile\smile$$

mit engerer verbindung der zwei ersten kurzverse; auch eine entsprechende von fünf gliedern, paṅkti[10]

$$\left.\begin{array}{l} \ldots\ldots \ \smile\smallsmile\smile \\ \ldots\ldots \ \smile\smallsmile\smile \end{array}\right\} \text{ zweimal}$$

$$\ldots\ldots \ \smile\smallsmile\smile.$$

Ganz in derselben weise findet sich im jüngeren Avesta nicht nur die von Westphal erkannte viergliederige strophe, sondern auch die von drei und von fünf gliedern zu je acht silben[11]. Es kommt dazu, dass diese kurzzeile in mehreren ungleichzeiligen strophen des Veda mit längeren reihen epodisch verknüpft wird[12]: im virâḍrûpâ werden drei elfsilbler durch einen achtsilbigen vers, der auch die letzte arsis einbüssen kann, abgeschlossen

$$\ldots\ldots \ \ldots\ldots \ \smile\_\_ \ \text{ dreimal}$$
$$\ldots\ldots \ \smile\_\smile\_ \ \text{(oder } \smile\_\_\text{)},$$

im prâgâtha wechselt der achtsilbige vers mit zwölfsilblern, umgekehrt folgt im ushṇih auf zwei enger verbundene glieder zu 8 silben ein zwölfsilbler.

Jedes der achtsilbigen glieder ist in den erwähnten

---

[9] s. A. Weber, Indische studien 8, 32.

[10] s. Weber a. o. 8, 47 f. 99.

[11] nachgewiesen von Geldner a. o. 58 ff.

[12] s. die übersicht im anhang zu Th. Benfeys Chrestomathie aus Sanskritwerken (Handbuch II 1).

strophen des Avesta fest abgegrenzt durch wortende. In den Vedahymnen und in der classischen Sanskritpoesie können die einzelnen paare in der fuge durch vocalverschleifung (sandhi) enger verbunden werden, aber wortende ist auch hier gesetz für den ausgang des achtsilbigen glieds.

Auch hat die liturgische symbolik der Brahmanen diese kurzverse trotz ihrer paarung als selbständige glieder gefasst; wenn es sich um eine vierzahl heiliger dinge, wie die vier himmelsgegenden handelt, ist der viergliedrige anushṭubh der metrische repräsentant usw. [13] Der kurzvers von acht silben war also ein selbständiges element alter strophenbildung wie bei den Eraniern so bei den Indern. Im Veda bewährt sich diese selbständigkeit noch darin, dass, sofern nicht etwa abstumpfung (katalexis) eintritt, der kurzvers stets iambisch auslautet; auch in den beiden gliedern einer zusammengesetzten langzeile wird dieser ausgang festgehalten; die umbildung des diiambus zum antispast ist ein merkmal dafür dass erst im çloka die beiden glieder zu engerer einheit zusammengewachsen sind.

Die 16 silbigen reihen der Indischen poesie sind demnach ebenso wie die strophenarten das ergebniss nationaler sonderentwicklung und können der vergleichenden erforschung europäischer gebilde nicht als grundlage dienen. Wir müssen vielmehr von dem einfachsten, Eraniern wie Indern gleich geläufigen element, dem achtsilbigen kurzvers ausgehn. Und wir dürfen es: denn obgleich der älteste bestandtheil des Zendavesta, die Gâthâs (lieder), durchaus längere zeilen von 11, 12, 14, 16 (nicht aus 2×8, sondern aus 7+9 zusammengesetzt) und 19 silben zu seinen strophen verwendet, so vereinigen sich doch mit dem zeugniss des jüngeren theiles die alten formen des

---

[13] s. A. Weber, Ind. stud. 8, 13 ff.

Veda zum beweis, dass das beiden zu grund liegende element jenes kurzverses zum ursprünglichen stammgut gehörte. Die frage, ob und in welchem verhältniss die vedischen zwölf- und elfsilbler und die längeren zeilen der Gâthâs zu dem kurzvers stehn [14], muss und kann von uns unerörtert gelassen werden.

---

[14] s. darüber A. Kuhn, Beiträge usw. 3, 116 f. Weber, Ind. stud. 8, 28 ff.

V

Wie alle auf verständniss, nicht blos auf feststellung
und sammlung der thatsachen gerichtete geschichtsforschung,
so bedarf auch die vergleichung für das auge, das die
erscheinung in ein naturgemässes werden aus einander
schauen soll, eines inneren lichtes, das nur an selbster-
fahrenem sich entzündet. Wir können sehn und hören,
greifen und benennen, aber es bleibt schemen oder schall,
was wir nicht entsprechend in unserem eigensten selbst
auffinden oder durch unmittelbare anschauung zu selbster-
fahrenem machen können. Die wahrheit dieses satzes wird uns durch die zur erörterung stehende frage recht nahe gerückt. Die antwort
auf dieselbe können wir täglich auf der strasse, im hause, in
unseren jugenderinnerungen vernehmen. Unser alter deut-
scher versbau ist noch heute in den liedern des volks
und der kinder lebendig. Trotzdem dass mehr als zwei
jahrhunderte mit erfolg daran gearbeitet haben unserer
dichtung eine neue metrik zu schaffen, halten unsere kinder, ohne es gelehrt zu werden, die verse ihrer lieder
und reime in deren alter werthung unerschütterlich fest.
Wir müssen uns herablassen bei ihnen in die schule zu
gehn. Verbinden wir damit die thatsachen, welche die
geschichte der deutschen dichtung liefert, so erhalten wir
wenigstens für ein wichtiges volksgebiet Europas volle, unmittelbare gewissheit.

Von hause aus gibt es nur einen deutschen vers von
vier hebungen. Er wird gemessen nicht nach silbenzahl,
nicht nach quantität, sondern nach jenen vier hebungen,
die vom sprachlichen hochton getragen sind. Das ist die
form aller unserer erzählenden poesie gewesen, so weit wir

sie zurück verfolgen können, und ebenso der volksmässigen
lyrik bis auf den heutigen tag. Das kunstepos des mittel-
alters hat sie festgehalten in monostichischer durchführung;
und wenn im gegensatz dazu das gleichzeitige volksepos
die nationale heldensage in der vierzeiligen Nibelungenstrophe erzählt, so ist doch diese strophe aus demselben
element aufgebaut und hält im abschliessenden halbvers
die ursprünglichen vier hebungen fest [1].

Die vereinigung des metrischen und des grammatischen accents gibt der tonsilbe einen besonderen nachdruck, der die bedeutung der senkung verringern muss.
Der freude an kraftvoller betonung ist das spiel wechseln-
der längen und kürzen, das durch feste verhältnisse von
hebung und senkung entsteht, aufgeopfert worden. Wie
alle senkung, so ward auch der anlaut des verses unwesent-
lich; der vers bleibt derselbe, ob er mit steigendem oder
fallendem gang antrete. Und ähnliche freiheit zeigt der
auslaut: der vers kann bei der vierten hebung mit stumpfem und mit klingendem reime, also, wenn man will,
mit überschüssiger kürze schliessen [2]. Noch auffallender
äussert sich die wirkung des hochtons im innern der verse:
die senkung ist nicht allein unbestimmt, insofern sie ebensowohl durch zwei silben wie durch eine gebildet wird [3],

---

[1] Näheres bei K. Simrock, Die Nibelungenstrophe und ihr
ursprung. Bonn 1858.
[2] wie z. b. bei Gottfried von Strassburg
   wir suln ez nieman lâzen tragen,
   sîn wort ensîn vil wol getwagen usw.
[3] Das volkslied vermag auch dreisilbige senkung zu bewäl-
tigen. In einem Martinsliedchen (in Simrocks Martinsliedern, Bonn
1846 p. 33) wird der vers, der bei Erkelenz gewöhnlich lautet *de
äppel on bäre send noch net gäte* ($\cup \bot \cup \cup \bot \cup \bot \cup \cup \bot \cup$), bei Heins-
berg so gesungen: *de bokesköch* (buchweizenkuchen) *on melek send*

sondern sie kann auch geradezu in wegfall kommen und
unterdrückt werden: der nachdruck der hochtonsilbe ist
stark genug um für sich den takt oder fuss zu füllen.
Die wichtigste erscheinung aber, die unser volksthümlicher versbau veranschaulicht, ist die verwitterung des auslauts. Von frühester zeit an begegnen wir versen mit nur
drei hebungen, mit ausgang sowohl auf unbetonte als auf
betonte silbe. Diese kürzeren verse wechseln als gleichberechtigt mit den vollen zu vier hebungen und unterein-
ander; wie, um ein beliebiges beispiel herauszugreifen, in
dem trinklied[4]

> Dort unten an dem Rheine
> da ist ein berg bekannt,
> der trägt ein guten weine,
> Rüdesheimer genannt,
> der hat ein geistlich art an sich,
> macht äusserlich und innerlich.

noch net gäde, also ⌣⏑⏑⏑⏑⏓⏑⏓⏑⏑⏓⏑ und obendrein mit 2 schweren stammsilben in dieser senkung. Das kostbare altbairische stern-
dreherlied (Des knaben wunderhorn 3, 31 in der zweiten aufl. Berl.
1807), amphibrachisch gebaut, hat mehrfach solche senkungen:
 Die vier hellige drei könig mit ihrem stéara
v. 20 _dénka mer, blós es der Heródes da hóbel fein aús_
und v. 17, ja versteigt sich sogar zu 4silbiger senkung v. 13
 ey worúma könt ir nit grúahga, es thút jo nit naúth.
Dergleichen ordentlich vorzutragen ist dann in der that die kunst
der 'puren geschwindigkeit' (Ritschl Opusc. phil. 2, 208), es wird
gelegentlich gesucht zu komischer wirkung. So lautet das linsen-
lied (kn. wunderhorn 3, 444) an der Lahn _Linse wo sin se?_ | _im
dippe, se hippe,_ | _se kóche drei wóche_ | _un sin noch so hart
wie knóche_ (s. anm. 6), und zu einem wahren πνῖγος wird die
senkung erweitert in dem Martinslied bei Uhland (Volksl. p. 573
n. 208 z. 14, Simrock Martinsl. p. 11 vgl. die variante das. p. 12).
 [4] Des knaben wunderhorn 2, 452.

Wenn wir die vortragsweise dieser lieder beobachten, wie
sie gesprochen oder halb singend hergesagt werden, so
nehmen wir wahr, dass bei den kürzeren versen ein stärkerer nachdruck auf die dritte hebung gelegt wird; folgt
derselben noch eine scheinbar unbetonte silbe, so wird
diese nicht als eigentliche senkung gesprochen, sondern
erhält eine sehr fühlbare betonung, die oft auch durch
anschlag einer höheren stimmlage sich dem ohre bemerk-
licher macht. Dass diese silbe die vierte hebung trage,
daran hat ein zweifel nicht aufkommen können. Wir
dürfen ihr mit einem gewissen rechte einen halb- oder
nebenton zuschreiben, insofern sie ja, wie der mit der
dritten hebung schliessende vers lehrt, weiter herabsinken
und ganz abfallen kann; aber in vielen fällen wird man
noch heute ihre thatsächliche geltung als vierte hebung
aus der volksmässigen vortragsweise heraushören. Auch
das innere des verses ist nicht unberührt geblieben.
Wenn der vers durch wortschluss in zwei hälften zerlegt wurde, musste bei dem zusammentreffen der zwei
hebungen in jeder hälfte sich dieser unterschied von haupt-
und nebenton herausstellen. Jeder Deutsche versteht mich,
wenn ich an das bekannte lied [5]

> O Strássbùrg, o Strássbùrg,
>
> du wunderschöne stadt,
>
> darinnen liegt begraben
>
> so manicher soldat

---

[5] bei E. Meier Schwäbische volksl. p. 201. Dergleichen kann
man in kinderreimen nicht selten hören; in Mitteldeutschland ist
der spruch sehr verbreitet: *Rüben rüben | die haben mich vertrie-
ben; | hätt mein mutter fleisch gekocht, | wär ich daheim geblieben.*
Hier entspricht die erste zeile ($\angle \cup \angle \cup$) vollständig an taktwerth den
übrigen, und unter diesen steht ein vers von vier hebungen den zwei
abgestumpften gleich.

erinnere; man vergegenwärtige sich die zweite strophe,
in welcher drei verse ebenso gebaut sind

Ein mancher, ein schöner,

ein braver soldat,

der vater und mutter

so sehr verlassen hat,

um sich durch die vergleichung der beiden strophen selbst
davon zu überzeugen, dass verse nach dem schema

$\smile \acute{\angle} \smile \acute{\angle}$ oder $\smile \acute{\angle} \smile \angle$

und $\smile \angle \smile \angle \smile$ oder $\smile \angle \smile \angle$

rytbmisch und melodisch gleichwerthig sind[6].

Nach diesem überblick bedarf es wohl keines weiteren
beweises, dass der volksthümliche deutsche vers aus derselben grundform einer achtsilbigen kurzzeile entwickelt ist,
die wir in der alten poesie der Eranier und Inder wahrgenommen haben. Diese entwicklung war aber nicht sowohl ausbildung und veredlung, etwa wie sich der fort-
gang aus dem kurzvers des Zendavesta zu dem halbverse
des vedischen anushṭubh und dann des çloka darstellt, als
verfall und verwitterung. Die zerstörende kraft war der
rythmus, der, ursprünglich wohl nur musikalisch, mit der
melodie auch in den gehobenen silben zu tage treten
musste. In dem maasse als rythmus sich in dem sprachlichen stoffe des lieds geltend machte, trat die frühere
silbenzählung zurück. Nicht die acht silben sondern die
vier hebungen waren es, welche den vers machten. Sobald aber die hebungen als das constitutive element des
verses behandelt wurden, mussten die senkungen an selbständiger bedeutung verlieren und zu variabeln, ja indiffe-

---

[6] so schon im Hildebrandslied *fôhêm wortum* und *ôstar-
liutô* u. dgl. Die amphibrachen des anm. 3 mitgetheilten linsen-
lieds hatten zweifelsohne ursprünglich die form $\smile \angle \smile \smile \angle \smile$.

renten grössen herabsinken. Das bedürfniss, eine gleiche gangart in aufsteigendem oder fallendem silbenwechsel durchzuführen, kam nicht zu voller entwicklung. Am stärksten zeigte sich die kraft des hochtons im verfall des auslauts. Wenn mit unterdrückung der dazwischen liegenden senkung die dritte und vierte hebung zusammen stiessen, so musste die unausbleibliche folge sein, dass die letzte volle hebung (die dritte) grösseren nachdruck erhielt und gleichzeitig der betonte versauslaut (die vierte hebung) an rythmischem werth verlor; so konnte die vierte hebung zu einem nebenton herabsinken, und der kraftzuwachs der dritten schliesslich diesen nebenton auf den indifferenten werth einer senkung ermässigen d. h. seinen völligen wegfall herbeiführen. Noch heute sind die alten vier hebungen in unserem bewusstsein lebendig; aber seit alters bestehn daneben gleichwerthige verse mit $3\frac{1}{2}$ und 3 hebungen, ja es können verse von nur 5 oder 4 und selbst 3 silben zu demselben curse geprägt werden.

In diesen beobachtungen ist die metrische entwicklung, welche vor der schöpfung einer litteratur wohl alle europäische völker unseres sprachstamms durchlaufen haben, gekennzeichnet. Sie alle sind ausgegangen vom achtsilbigen kurzvers, und haben ihn bereits gleichsam articuliert durch die vier hebungen. Das durchdringen des rythmus in vierfacher hebung ist das kennzeichen des ältesten europäischen versbaus. Die nördlichen glieder unserer völkergruppe scheiden sich darin nur insofern von den alten südlichen, Griechen und Italikern, als diese zum träger des metrischen hochtons die schwere oder lange silbe (quantität), jene den sprachlichen hochton (wortaccent) wählten. Die metrik beider gruppen war von demselben princip und gesetz beherrscht, unterschieden nur in der wahl des mittels. Ich würde diesen gemeinsamen versbau ʻ ryth-

misch' nennen, wenn das wort nicht bereits so verschieden
angewandt und darum schillernd wäre; besser nennen wir
ihn vielleicht hebungsvers oder europäischen kurzvers.
Aber ich habe es zu begründen, wenn ich das bei éinem
volk aufgewiesene gesetz auf die übrigen ausdehne.
Für das czechische volkslied hatte ich das glück
in herrn dr. Wotke aus Brünn einen kundigen, mit der
sprache und sangweise seiner heimath von jugend auf ver-
trauten berather zu finden. Er hatte die güte, nicht nur
die rythmische werthung der 'einzelnen verse, die ich
seinem vortrag entnahm, sorgfältig nachzuprüfen, sondern
auch durch erkundigungen und litteratur mich zu unter-
stützen. Danach stellt sich die vollständigste übcrein-
stimmung des versbaus in den czechischen und unsern
volksliedern heraus. Ich setze einen alten Koleda-vers [7]
her mit dem metrischen schema, in welchem ich die be-
tonten und unbetonten silben einfach durch _ ◡ bezeichne:

Koleda koleda Štěpane,	◡◡◡◡◡◡◡◡
co to neseš ve džbáně? ⎫	
nesu nesu koledu, ⎭	◡◡◡◡◡◡
upadl jsem s ní na ledu,	◡◡◡◡◡◡
psi se na mě sběhli,	◡◡◡◡◡
koledu mi snědli.	◡◡◡◡◡

Zu grund liegt der vers mit vier hebungen, die bald voll
bald zu dreien mit nebenton verkürzt erscheinen und die
kraft zur unterdrückung der senkung besitzen. Ein altes,
seit jahrhunderten in der kirche gesungenes weihnachts-
lied [8]

Narodil se Kristus pán	◡◡◡◡◡◡
veselme se	◡◡◡◡

---

[7] bei v. Reinsberg Festkalender aus Böhmen p. 596.
[8] nach mündlicher mittheilung des herrn dr. Wotke.

z rodu královského   ⌣⌣⌣⌣⌣

veselme se

5   z života čistého

veselme se

wird so vorgetragen, dass jede der vier silben des nach-
gesangs (v. 2) einen vollen takt beträgt, der nachgesang
also den übrigen versen mit vollen 4 (v. 1) oder $3\frac{1}{2}$ (v.
3, 5) hebungen rythmisch gleich ist. Und so ist in volksliedern nebst dem vers von nur drei hebungen auch die
oben (s. 66 f.) erörterte form ⌣⌣⌣⌣ zugelassen worden z. b.

Trávo trávo   ⌣⌣ ⌣⌣

trávo zelená [9].   ⌣⌣⌣⌣

Die von Erben aufgezeichneten melodien [9] scheinen, so
weit ich nachgeprüft, diese darstellung zu bestätigen.

Die zahlreichen volkslieder der Polen [10], ausgezeich-
net durch lebhafte und anmuthige rythmische bewegung,
beruhen durchweg auf dem vers von vier hebungen. Häufig
erscheinen dieselben noch voll, auch mit klingendem ausgang. Häufiger ist die vierte hebung herabgesunken, aber
wird in der melodie stets länger ausgehalten; in der reci-
tation fällt auf die dritte hebung stärkerer nachdruck und
auf die schliessende senkung ein sehr fühlbarer nebenton,
wie ich mich an einem kinderliede überzeugen konnte, das

---

[9] bei K. J. Erben, Pjsně národní v Čechách (Prag 1842)
2, 217; ähnliches ebend. 2, 159 f. und 218. Dreisilbige verse (⌣⌣⌣)
gibt das lied ebend. 2, 158 f. Melodien (im ganzen 316) gibt derselbe Erben, Nápěvy prostonárodních písní českých. Prag 1864
(enthält 316 melodien).

[10] Eine grosse anzahl gibt das bändereiche werk von Oskar
Kolberg, Lud: Jego zwyczaje usw. Warschau 1865 ff. Dass ich
es noch benutzen und mich über polnischen versbau unterrichten
konnte, verdanke ich der zuvorkommenden güte meines freunds
hofr. Strasburger.

meinem collegen Strasburger aus seiner jugendzeit lebendig war. Auch verse von nur drei hebungen kommen vor,
in einzelnen liedern sogar ausschliesslich angewandt, dann
wird aber die abschliessende dritte hebung mit der tondauer eines ganzen taktes ausgehalten (Kolberg I n. 209).
Das verhältniss von senkung und hebung ist bereits geregelt ; daktylen werden gerne angewandt, um ein beispiel
anzuführen, in folgender strophe (Kolb. I n. 81)

$$\text{\textyogh}\smile\smile - \_\text{\textyogh}\smile\smile - \parallel |:\text{\textyogh}\smile - \smile \text{\textyogh}\smile\smile - :|.$$

Trotzdem ist wegfall der senkung im inneren zuweilen gestattet (Kolb. I n. 166 z. 1. 3), sogar aus kretikern werden strophen gebaut (Kolb. I n. 165).
Die russischen volkslieder, meist von trochaeischem
fall, zeigen in der regel drei hebungen. Die nebentonsilbe
nach der letzten hebung wird festgehalten, aber der ton
ist so weit abgeschwächt, dass die silbe fast wie eine
stumme nachklingt; sie kann darum auch wegfallen; in
den melodien der volkslieder [11] wird sie aber nicht selten
gleich lang ausgehalten wie die vorausgehende hebung.
Die senkungen können aus zwei unbetonten silben bestehn [12]; sie werden auch nicht selten in kleinrussischen

---

[11] Melodien dazu findet man z. b. bei P. v. Goetze, Stimmen
des russ. volks in liedern (Stuttg. 1828).

[12] die freiheit der senkung hat hier auch zu künstlicheren
metrischen gebilden geführt, wie sie selbst dem deutschen volkslied
nicht ganz fehlen (s. anm. 3); ich erinnere mich aus dem mund
eines ehemaligen schülers aus Russland ein kleinrussisches volkslied gehört zu haben, dessen rythmus mich sehr überraschte, es
waren katalektische tetrameter aus amphipyrrichien

$$\smile\smile\_\smile\smile,\ \smile\smile\_\smile\smile,\ \smile\smile\_\smile\smile,\ \smile\smile\_.$$

Bei den Jugoslaven begegnen daktylische lieder; so pflegen die
spottlieder der Slovenen aus vollen und katalektischen dimetern
$(\smile,\ \_\smile\smile\_\smile$ und $\_,\ \_\smile\smile\_)$ zu bestehn.

liedern unterdrückt, während das in grossrussischen ausnahme sein soll [13].

Bei allen genannten nordslavischen völkern ist es
der grammatische hochton, nicht der lautwerth, auf den
die vershebung sich stützt. Nordslaven und Deutsche
stimmen also in allen wesentlichen gesetzen ihres volksthümlichen versbaus überein, wenn auch bei den Russen
und Wenden [14], regelmässiger wechsel von hebung und
senkung zur anerkennung gelangt ist, wie in unserer dichtung seit Opitz.

Bei den Südslaven (Jugoslaven), namentlich den
Serben, wird für erzählende dichtung wie im altfranzösi-
schen epos ein zehnsilbiger vers, meist mit trochaeischem
fall, verwendet; er zerfällt in zwei glieder von 4 und 6
silben [15]. Die silben werden gezählt, aber indem der
wortaccent sich geltend macht, wird der eintönige gang
des verses durch rythmische mannichfaltigkeit belebt: in
einem kleinen gedicht von 5 zeilen z. b. zeigt der viersilbige vordertheil die formen ⏜⏜⏜⏜, ⏜⏜⏜⏜ und ⏜⏜⏜⏜ [16].

[13] nach mittheilung des herrn J. Cholodniak, docenten an
der universität zu St. Petersburg. Eine kleinrussische strophe, die
er mir aufzeichnete, besteht aus 5 zeilen der genannten art (⏜⏜⏜⏜⏜,
einmal ⏜⏜⏜⏜⏜), welche abgeschlossen werden durch den vers

       nié búdie unii   ⏜⏜⏜⏜⏜.

[14] sehr flotten rythmus erhält das wendische volkslied oft
durch daktylische verse, wie man aus den melodien sieht; belege
bei L. Haupt und J. E. Schmaler, Volkslieder der Wenden, Grimma
1841—43, 2 bde.

[15] s. J. Grimm Kleinere schriften 4, 428 und im vorwort zu
den Lat. gedichten des X und XI jahrh. p. XLIII f., Talvj Volksl.
der Serben (Leipz. 1853) 1, XXXIX; über die Bulgaren G. Rosen,
Bulg. volksdichtungen p. 29 f.

[16] in Vuks Narodne srpske pjesme (Leipz. 1824) 1, 129 n.
192 nach der analyse des herrn Cholodniak.

Aber in den zahlreichen lyrischen liedern, wie sie meist von frauen und mädchen im reigen (kolo) gesungen werden, finden wir bei Serben, Slovenen [17] und Bulgaren unseren achtsilbigen kurzvers als üblichste form wieder [18]; er wird gewöhnlich in einfacher wiederholung zu strophen gestaltet, auch mit wegfall der schliessenden senkung, nicht selten auch ein sechssilbiger vers (trochaeische tripodie) ihm epodisch angereiht; und dieser kürzere vers kann zu einer 6 füssigen langzeile verdoppelt werden. Bei den Slovenen ist auch ein iambischer achtsilbler, meist mit caesur vor dem schliessenden kretiker ($\cup \angle \cup \_ \cup | \angle \cup \_$), sehr häufig, und zwar gerade in den ältesten volksliedern erzählenden inhalts. Dieser sprachen nicht mächtig darf ich mir ein urtheil nicht anmaassen; aber ich will nicht verschweigen, dass der musikalische rythmus der melodien, deren uns das werk von Kuhač eine grosse anzahl zur verfügung stellt [19], uns vielleicht berechtigt den südslavischen versbau dem nordslavischen erheblich näher zu stellen, als er an sich zu stehn scheint. Die gestaltung des acht-

---

[17] über die metrik des slovenischen volkslieds hat mir, durch herrn dr. Wotke veranlasst, herr professor Joh. Pajk werthvolle mittheilungen gemacht; auf denen die obigen angaben beruhn. Die drei programmabhandlungen, worin derselbe die slovenische metrik behandelt hat (das erste erschien zu Görz), waren mir leider unzugänglich.

[18] vgl. J. Grimm Kl. schrr. 4, 428 f.

[19] Fr. Š. Kuhač, Južno-slovjenske narodne popievke. u Zagrebu 1878—81, 4 bde 4⁰. Den grundsatz, dass der versbau der südslavischen volkslieder nur von der melodie aus beurtheilt werden könne, hat W. Wollner in seinen 'Untersuchungen über den versbau des südslavischen volksliedes' (Archiv für slavische philologie, von Jagič b. IX, 2 p. 177—281) nachdrücklich betont; ich bedaure sehr sie erst nachträglich beim druck kennen gelernt zu haben.

silbigen verses zum sieben- und sechssilbler könnte dann
nur in einer entwicklung, wie sie der deutsche versbau
durchlief, ihre erklärung finden. Wichtig wird der umstand,
dass wenigstens das slovenische volkslied unterdrückung
der senkung zulässt: diese wahrnehmung, die sich mir an
einzelnen versen aufdrängte[20], wird mir von einem kenner,
professor J. Pajk in Brünn, ausdrücklich, wenn auch mit
clausel, bestätigt [21].

Ueber den versbau der Litauer habe ich vergeblich
nach belehrung umgeschaut. Nesselmann [22] bezeugt nur
die negative thatsache, dass der grammatische accent nicht
mit dem metrischen zusammenzufallen pflege; aber er macht
auch die wichtige angabe, dass der Litauer, 'wenn er den
text einer daina hersage', nicht nach dem grammatischen
sondern nach dem musikalischen accent spreche mit bewusstsein des unterschieds. Der rythmus ist also streng
durchgeführt: was als träger desselben anzusehn ist, muss
ich unentschieden lassen. Die lieder selbst bewegen sich
fast durchweg in den uns bekannten formen des verses
mit vier hebungen; aber diese formen (2 und 4, $3^1/_2$, 3
hebungen) sind vervollkommnet durch geregelten wechsel
der füsse. Eine vergleichung der melodien [23] bestätigt

[20] z. b. in dem S. Georgslied bei Krek Einl. in die slav.
literaturgeschichte p. 331, 1.

[21] er schrieb: 'Ich habe beim anhören des gesangs der volkslieder und beim nachschreiben des textes bemerkt, dass thesen
nicht so selten unterdrückt wurden. Doch war diese poesie jüngeren, laxeren schlags. Solches habe ich jedoch [sonst?] äusserst
wenig und selten (als ausnahme) gefunden'.

[22] Nesselmann, Littauische volkslieder (Berl. 1853) p. IX.
Nach äusserem eindruck zu urtheilen, wie es Westphal Metrik der
Griechen II² 26 anm. thut, geht nicht an.

[23] im anhang von Nesselmanns sammlung, und bei A. Schlei-
cher, Lit. märchen, sprichwörter usw. (Weimar 1857) p. 229 ff.

unsere erwartung von dem trochaeischen auslaut der verse
von drei hebungen : fast regelmässig wird man finden,
dass zugleich die dritte hebung und die nebentonsilbe
länger ausgehalten werden, also stärkeren nachdruck erhalten als die vorangehenden hebungen [24].
Ich stehe am ende einer betrachtung, für die ich
lebhaft empfinde mehr als nachsicht, verzeihung in anspruch nehmen zu müssen. Unberufen, ungerüstet habe
ich den gang durch ein mir fremdes gebiet gewagt, allein
von der hoffnung begleitet, dass berufene sich dadurch auf-
gefordert fühlen möchten da ein licht aufzustecken, wo
wir bis jetzt im finstern tasten müssen. Bei aller unge-
wissheit, die bleibt, ist diese durchmusterung nicht un-
fruchtbar geblieben. Nehmen wir zu Germanen, Litauern
und Slaven noch die Kelten, denen gleichfalls der achtsilbige kurzvers das volksthümliche maass war [25], so wissen
wir dass der grösste theil der europäischen völker unseres
stammes für seine lieder denselben vers, meist als einzigen
verwendete, den wir schon in den hymnen des Veda und
des jüngeren Avesta gefunden haben; und es darf als sehr
wahrscheinlich gelten, dass die bildung von nebenformen ver-
ringerten umfangs wohl überall auf dem wege vor sich ge-

---

[24] z. b. bei Nesselm. n. 386 neben ⌣⌣⌣⌣⌣⌣ (ich bezeichne
hier durch ⌣ und — den musikalischen werth der silben) mehrmals
⌣⌣⌣⌣⌣⌣; n. 172 ⌣⌣⌣⌣⌣, ⌣⌣⌣⌣⌣ und ⌣⌣⌣⌣⌣⌣, vgl. 240. 243 usw.
Wichtig scheint mir auch die thatsache, dass ein in zehnsilbigen
versen und zwar mit der zusammensetzung 4 + 6 gebautes lied
(Nesselm. 228) so gesungen wird, dass das kürzere 4silbige glied
eine dem längeren gliede gleiche takteinheit bildet, indem die dritte
und vierte silbe je auf zwei noten gesungen werden

⌣⌣⌣⌣ | ⌣⌣ ⌣⌣ ⌣⌣.

[25] vgl. H. de Villemarqué Les romans de la table ronde (1861)
p. 165 f. 443.

gangen ist, den uns die deutsche metrik gewiesen hat. Um
den kreis abzurunden wollen noch die Italiker und Griechen
in betracht gezogen sein, die vertreter quantitierenden
versbaus.

Der altlateinische *versus saturnius* war die überkommene nationale form der Italiker. Die gelehrten der
classischen zeit sahen darin eine eigenthümlichkeit Ita-
liens [26], nicht bloss Latiums; inschriftenfunde haben uns
die freude gebracht, für Samniten und Paeligner die geltung dieses verses bis in die zeit des bundesgenossenkriegs
durch Bücheler nachgewiesen zu sehn [27]. Ueber den bau
des saturniers sind wir durch eine genügende zahl auch
inschriftlicher reste unterrichtet [28]; die nahe familienver-
wandtschaft mit der langzeile unserer Nibelungenstrophe
fällt in die augen und ist oft hervorgehoben worden [29].
Die unbestimmtheit und unterdrückung der senkung beweist, dass im italischen versbau dieselbe kraft der rythmischen betonung an der quantitätslangen silbe sich geltend machte wie im deutschen an der hochtonsilbe. Sowohl
bei den Römern wie bei den andern Italikern tritt uns der

---

[26] Caesius Bassus (Atilius Fort.) 8, 1 in Keils *GL* VI p. 265, 8
'de saturnio uersu dicendum est, quem nostri existimauerunt proprium esse Italicae regionis'.

[27] Rheinisches museum 30, 441 f. 33, 274 ff.

[28] Aus der reichen litteratur genügt es die grundlegenden be-
merkungen von Ritschl Opusc. 4, 82 f. (749 f.) und Bücheler in
Fleckeisens jahrb. von 1863 p. 330 ff. zu nennen. Die inschriftlichen reste hat Bücheler Anthologiae epigr. lat. specimen tertium
(Bonner progr. 1876) gesammelt und bearbeitet; die litterarisch erhaltenen findet man jetzt in E. Baehrens' Fragmenta poetarum Ro-
man. p. 29 ff. vereinigt.

[29] s. K. Bartsch in der oben s. 59 anm. 8 angeführten schrift.

vers als fertige langzeile von sechs hebungen entgegen;
aber die beiden glieder sondern sich scharf und deutlich
von einander: die erste geht meist, die zweite regelmässig
auf eine senkung aus, in der wir die zum nebenton ent-
werthete ehemalige vierte hebung nicht verkennen können.
Dass der saturnier in der that aus zwei ursprünglich selbständigen kurzversen sich herausgebildet hat, dürfen wir
schon aus einer metrischen thatsache schliessen: die bekannte regel, dass das zweite glied mit hebung einsetzt
oder, mit anderen worten, durch eine trochaeische tripodie
gebildet wird, ist, wie man allmählich erkannt hat, keineswegs verbindlich gewesen [30]. Verse wie

Corinto délélo ‖ Romám redieit triúmphans
oder *quíbus sei in longá licuiset ‖ tibe útiér ulla*
wurden nicht blos von den Lateinern zugelassen [31]. Den
vorausgesetzten italischen kurzvers können wir aber auch
noch urkundlich belegen. Das alterthümliche lied der Arval-
brüder besteht aus drei saturniern, denen ein kurzvers *enós
Lasés iuuáte* vorangeht und ein gleicher *enós Marmór iuudío*
folgt. Sie scheinen als vor- und nachgesang zu dienen,
und treten als selbständige verse auf [32]. Da alle fünf verse,
die langen wie die kurzen, nach der ritualvorschrift dreimal
vorgetragen werden, so fällt es auf, dass den abschluss
des ganzen ein fünfmaliges *triumpe* bildet; gewiss war das
wort, wie Bücheler abtheilt, paarweise gesetzt, und es folgte
zum schluss ein einmaliges *triumpe*, länger angehalten, dem

---

[30] s. Bücheler Anthol. epigr. lat. spec. III p. 7 zu n. V 3.
Schon Bartsch hatte (a. o. p. 20) diese möglichkeit in betracht
gezogen.
[31] s. Bücheler Rh. mus. 33, 274 f.
[32] auch Baehrens a. o. p. 7 erkennt nach Büchelers vorgang
in diesem kurzvers 'primariam metri nostri speciem' an.

vorausgehenden paare an musikalischem taktwerth gleich-
gesetzt. Ich glaube aber nicht, dass wir die beiden paare
anders messen können als mit gleicher betonung des gleichen worts *triúmpè triúmpè*, gemäss den oben s. 66 f. und
70 erwähnten erscheinungen. Wenn mich diese vermuthung
nicht trügt, so hätten wir den beweis für die vier hebungen
in händen. Sollten sich keine weiteren spuren auffinden?
Ich glaube doch. Die weihinschrift des L. Mummius besteht aus vier saturniern, denen zum abschluss der tro-
chäische vers *imperátor dédicát* folgt: schon Ritschl stellte
diesen epodos mit den kurzversen des Arvalliedes zusammen [33]. Der dichter hat das zweite glied des saturniers
in seiner volleren form epodisch verwendet; in volksliedern
werden nicht nur volle reihen durch eine verkürzte, sondern auch verkürzte (und das sind ja die beiden glieder
des saturniers) durch eine volle häufig abgeschlossen.

In dem reichthum ihrer metrischen formen steht die
poesie der Griechen einzig und unvergleichbar da. Diese
mannichfaltigkeit schöner gebilde musste blenden und täu-
schen. Man konnte glauben in der zurückführung der verschiedenen reihen auf ihre letzten elemente, die versfüsse
oder wenn es hoch kommt, die rythmischen takteinheiten,
das wesen der sache zu fassen. Der herkömmliche weg
führt zu statistischer beschreibung, nicht zu geschichtlicher
erkenntniss.

Die Griechen sind von demselben achtsilbigen kurzvers ausgegangen wie die Italiker und Germanen, und
hatten ihn bereits übernommen als vers von vier hebungen,

---

[33] Ritschl Opuscc. 4, 86. Dagegen hat sich Bücheler Anth.
epigr. lat. III p. 5 ausgesprochen, der die beiden letzten verse für
überarbeitet ansieht.

nur dass die hebung an die lautliche schwere der silbe
gebunden war. Gleiche kräfte, gleiche wirkungen. Auch
hier hatte der alte vers in aus- und inlaut den zersetzen-
den einfluss des hochtons erfahren, bevor epische und
lyrische dichter die entwicklung der nationalen metrik her-
beiführten. Zwei umstände aber müssen wir uns gegen-
wärtig halten, um den allerdings ungeheuren vorrang der
Griechen vor den übrigen völkern Europas, auch den Italikern zu verstehn: das lebhafte gefühl dieser nation für
formenschönheit jeder art und den abstand der zeit. Die
entwicklung nationaler poesie hat bei den Griechen um
viele jahrhunderte früher als bei den Italikern, vollends
den Germanen begonnen. Neben den abgestumpften gestaltungen konnten die ursprünglichen, unberührten damals
noch lebenskraft bewahren; und aus der grossen mannichfaltigkeit der durch die unbestimmtheit der senkung her-
vorgerufenen formen des kurzverses, welche den übrigen
völkern als zufällig und gleichartig erschienen, vermochte
das feinere ohr der Griechen die klangvolleren und wohl-
gefälligeren herauszuhören und zu bevorzugen. Selbst im
echten volkslied und in den kunstlosen kurzversen alter
weihinschriften tritt dieser sinn für den wohllaut im wechsel von hebung und senkung hervor. Auch heute noch
mag sich mancher versucht fühlen, wenn er an solche
denkmäler altgriechischen versbaus herantritt, die wohlbe-
kannten formen der ausgebildeten poesie, hie und da vielleicht mit einiger freiheit oder ungeschicklichkeit gehandhabt, wiederzufinden und sie in die beliebten kategorien
einzuordnen. Ohne starke willkürlichkeiten geht das nicht
ab. Fasst man aber, wie sichs gehört, das gleichartige in
seinen verschiedenheiten zusammen, so wird das alte ge-
rüst völlig unhaltbar, und die erkenntniss gleichzeitig der
einheitlichen grundlage wie der besonderen griechischen

gestaltung bricht unaufhaltsam hervor. Ich mag nicht den
unfruchtbaren umweg einer apagogischen beweisführung antreten, und begnüge mich die thatsachen vorzulegen.

Der alte- hymnenschatz der Hellenen ist für uns ver-
schüttet und war es grössten theils schon im alterthum;
der altväterliche tempelgesang war allenthalben durch zeit-
gemässere lieder kunstmässiger dichtung verdrängt worden.
Aber ein glücklicher zufall hat uns ein bruchstück dieser
vor der entfaltung der lyrik liegenden liturgie aufbewahrt,
das durch die, ich möchte sagen, rohe offenheit der reli-
giösen sprache nicht weniger als durch den versbau sein
alter selbst bezeugt. Bei der feier der Dionysos-epiphanie
zu Elis riefen die weiber den gott herbei mit der strophe [34]

Ἐλθεῖν, ἥρω Διόνυσε,	$- \iota - \iota \smile \smile \iota \vee$
Ἀλεῖον ἐς ναὸν	$\smile \iota \smile \iota \iota \vee$
ἁγνὸν σὺν Χαρίτεσσιν,	$- \iota \iota \smile \smile \iota \vee$
ἐς ναόν,	$\|: \smile \iota \vee :\|$
5 τῷ βοέῳ ποδὶ θύων.	$\iota \smile \smile \iota \smile \smile \iota \lambda$
ἄξιε ταῦρε, ἄξιε ταῦρε.	$\iota \smile \smile \iota \smile \iota \smile \smile \iota \smile$

Die unverfälschte echtheit dieses gesangs zeigt sich in
allem; erinnern möchte ich nur daran, dass die alterthümliche anrufung 'theurer stier' sich in götternamen
des Samothrakischen cultus Ἀξίερος (ἄξι' Ἔρος) Ἀξιόκερ-
σος Ἀξιόκερσα gleichsam versteinert erhalten hat [85], und

---

[34] bei Bergk c. pop. 6 (*PL* III p. 656 f.), nach Plut. qu.
Gr. 36 p. 299 b Διὰ τί τὸν Διόνυσον αἱ τῶν Ἡλείων γυναῖκες
ὑμνοῦσαι παρακαλοῦσι βοέῳ ποδὶ παραγίνεσθαι πρὸς αὐτάς; ἔχει
δ' οὕτως ὁ ὕμνος· Ἐλθεῖν .... ποδὶ θύων. εἶτα δὶς ἐπάδουσιν·
Ἄξιε ταῦρε. In v. 2 ist ἅλιον überliefert, Bergk schreibt Ἀλείων:
wenn er recht haben sollte, würde auch dieser vers zu messen sein
$- \iota \lambda \smile \iota \lambda$. Ueber v. 4 s. anm. 37. In v. 5 vermuthet Bergk gut
τεῷ für τῷ.

[85] darauf hat bereits Welcker hingewiesen, Gr. götterl. 1, 329.

dass gleicher weise der auffallende ausdruck ἐλθεῖν . . .
τῷ βοέῳ ποδὶ (θύων) durch den nachklang eines Sopho-
kleischen Dionysoslieds [86] als verbreitete formel der liturgie
erwiesen wird. Für unsere betrachtung ist. das lied wichtig als ältestes denkmal griechischen versbaus. Obwohl
die neigung zu daktylischem gang sich bereits bemerklich
macht, erscheint der daktylus doch nur als zufällige gestaltung des wechsels von hebung und senkung, und das be-
stimmende element des verses liegt noch allein in den
hebungen. Durchweg ist die vierte hebung abgestumpft
zum halbton, nur in dem ephymnion kommen die vier
hebungen, und zwar mit klingendem ausgang (s. oben
s. 64), zur geltung, ähnlich wie wir das auch einmal nach
saturniern wahrnahmen (s. 78). Unterdrückung der senkung begegnet in zwei versen, und einmal darf mit höch-
ster wahrscheinlichkeit auch im inneren des verses beim
zusammenstoss zweier hebungen abstumpfung der zweiten
angenommen werden (v. 4) [87].

Viel weiter vorgeschritten ist der formensinn bereits
in dem einzigen echten volkslied, das wir vollständig besitzen; auf der insel Rhodos sangen es im monat Badro-
mios die kinder gaben heischend, so wie bei uns am

---

[86] Soph. Antig. 1144 μολεῖν καθαρσίῳ ποδὶ Παρνασίαν ὑπὲρ
κλιτὺν ἢ στονόεντα πορθμόν, wo auch die gleiche verwendung des
infinitivs in imperativischer bedeutung zu beachten ist.

[87] Für v. 4 scheint mir das einfachste und wahrscheinlichste,
wiederholung anzunehmen, also ἐς ναὸν ἐς ναόν. v. Leutsch er-
gänzte (Philol. 11, 730) nach v. 2 unter billigung Bergks (᾿Αλείων)
ἐς ναόν: auch in diesem falle würden wir abstumpfung der zweiten
hebung anerkennen müssen (‿ ⸜⸝ ‿ ⸜⸝). Vgl. darüber oben s. 66 f.
70. 78.

Martinsabend oder in der weihnachtszeit, bei der ankunft
der ersten schwalbe [88]:

>'Ηλθ' ἦλθε χελιδὼν   ιι∪∪ιλ
>καλὰς ὥρας ἄγουσα
>καὶ καλοὺς ἐνιαυτούς,
>ἐπὶ γαστέρα λευκά,   'πὶ νῶτα μέλαννα.
>5 παλάθαν σὺ προκυκλεῖν   ἐκ πίονος οἴκου
>οἴνου τε δέπαστρον   τυρῶ τε κάνυστρον.
>καπυρῶνα χελιδὼν   καὶ λεκιθίταν
>   οὐκ ἀπωθεῖται.
>Ἀπίωμες ἢ λαβώμεθα;

V. 3 καὶ καλοὺς ACE: καλοὺς G. Hermann Elem. doctr. metr.
p. 462 4 κἀπὶ νῶτα A ἐπὶ νῶτα CE μέλανα Λ: μέλαινα CE,
ich glaubte die aeolische form festhalten zu sollen 5 vgl. E πα-
λάθη μὲν συκῶν ἐπισύνθεσις ουπροκυκλεις A, mit lesezeichen C:
σὺ προκύκλει Hermann 6 vgl. E δέπαστρον δὲ καὶ παρὰ Λυκό-
φρονι [Alex. 489] τὸ δέπας τυρῶ A: τυροῦ C κάνυστρον C
καννυστρον A vgl. Pollux 10, 86 7 καὶ πυρῶν αχελιδὼν (ἁ χελ.
C) A, C: verbessert nach einer vermuthung Bergks, vgl. auch Ahrens
dial. dor. p. 479 vgl. E λεκιθίτης δὲ πλακοῦς ᾧ παραμέμικται καὶ
ᾠοῦ λέκιθος 9 πότερ' ἀπίωμες (-μεν CE) ACE: ich habe die

---

[88] pop. 41 nach Theognis ἐν β̄ Περὶ τῶν ἐν Ῥόδῳ θυσιῶν
bei Athen. VIII p. 360b Εἶδος δέ τι τοῦ ἀγείρειν χελιδονίζειν
Ῥόδιοι καλοῦσιν, ὃ γίνεται τῷ Βοηδρομιῶνι μηνί. χελιδονίζειν δὲ
λέγεται διὰ τὸ εἰωθὸς ἐπιφωνεῖσθαι· Ἡλθ' ἦλθε κτλ., danach
Eustath. zu Od. φ 411 p. 1914, 43 (E). Die lesung des alten Mar-
cianus (A) und des Pariser exemplars der epitome (C) verdanke ich
der freundlichkeit G. Kaibels; der text ist dadurch etwas sicherer
geworden. Der an sich schon abgeschwächte dorismus der Rho-
dischen sprache mochte zur zeit des Theognis schon mit formen
der gemeinsprache versetzt sein; Theognis selbst, der ohne bedenken Βοηδρομιῶν statt Βαδρόμιος sagt, hat überdies bei seiner nie-
derschrift gewiss nicht phonetische genauigkeit erstrebt. Um so
sorgfältiger haben wir die erkennbaren reste von dialekt zu bewahren.

10 εἰ μέν τι δώσεις. εἰ δὲ μή, οὐκ ἐάσομεν·
   ἢ τὰν θύραν φέρωμες ἢ θοὐπέρθυρον
   ἢ τὰν γυναῖκα τὰν ἔσω καθημέναν·
   μικρὰ μέν ἐστι, ῥᾳδίως μιν οἴσομεν.
   ἂν δὴ φέρῃς τι,   μέγα δή τι φέροις.
15 Ἄνοιγ᾽ ἄνοιγε τὰν θύραν χελιδόνι·
   οὐ γὰρ γέροντές ἐσμεν ἀλλὰ παιδία.

fragepartikel, die Theognis zugefügt haben mag, gestrichen. Einen
hässlichen troch. tetrameter baute aus v. 8—9 Hermann, mit zer-
störung der gliederung des lieds 10 vgl. Ε ἐλλειπτικῶς ἔχει, ἔστι
δὲ καὶ παρ᾽ ὑπόνοιαν 11 τὸ ὑπέρθυρον ACE: verb. von Ahrens
12 καθημέναν mit η über der endung A 13 οἴσομαι C 14
ἂν δὴ AC: 'sanc dorica dialectus αἱ δὲ uel αἴ κα δὲ flagitat' Bergk
φερηιστι Α: φέροις τι C φέροις AC: καὶ φέροις editio princeps
φέροιο Bergk gegen die grammatik, die dann im vordersatz ἐνέγκῃς,
erfüllung der bedingung, verlangt; der segenswunsch wäre an sich
sehr am orte, wie er denn auch in den umzugsliedern unserer kinder häufig vorkommt, hier schliesst er sich übel an die vorangegan-
gene drohung an; die frau soll also, wenn sie was bringt, was
ordentliches bringen, wie im Martinslied bei Simrock p. 85 *ih könnt
us brav wat gewen* und 86 *gewen us de langen* (würste) *on lot'n
de kotten hangen* 15 f. χελιδονίου γὰρ Α.

Auf drei reihen zu 3½ hebungen folgen vier verse,
deren vier hebungen je auf zwei selbständigere halbverse
vertheilt sind, eine bauart die in deutschen [80], litauischen
und slavischen volksliedern nicht ungebräuchlich ist; es ist
wohl die ausgedehnteste gestalt, deren der vers von vier
hebungen fähig war: keine senkung wird unterdrückt,
jeder halbvers hat klingenden ausgang, alle mit ausnahme
des letzten auch auftakt. Einen kräftigen abschluss gibt
v. 8 durch umschlag des tonfalls und zusammenstoss von
hebungen. Nachdem sie eine weile vergeblich gewartet,

---

[80] z. b. in Meiers Schwäb. volksliedern n. 88 u. 139 (p. 175. 249).

regen sich die knaben zu einem zweiten act mit dringen-
derem und drohendem heischen, sie führen eine art *flagi-
tatio* auf. Und diesem tone entspricht die versform. Eine
iambische tetrapodie (9) macht den übergang zu iambischen trimetern (10—13). Wiederum bildet den abschluss
eine ungleichartige reihe von vier hebungen (14), und zwar
in der reicheren ausstattung, die im ersten theil für v. 4—7
gewählt war, nur mit bemerkenswerthem unterschied : nicht
tänzelnd, wie die früheren, setzt der vers ein, sondern
führt zunächst die vorangegangenen iamben fort; sodann
geht er, weil er das ganze lied abschliessen soll, auf eine
hebung aus [40]. Wenn wir von den trimetern abschn, so
verwendet das lied nur volksthümliche formen des alten
hebungsverses, der ebensowohl sich mit wohlklingendem
wechsel von hebung und senkung zu erfüllen wie mit
unterdrückung der senkung (v. 1, 2, 8) schroffer aufzu-
treten vermag.

Diese beobachtungen an einem liturgischen hymnus
und einem volkslied könnten genügen um ein sicheres
urtheil über die entstehung des hexameters vorzubereiten.
Aber bei unserem vergleichenden überblick hat sich unwillkürlich die frage selbst erweitert. Wir suchen die
grundlage nicht nur des hexameters sondern des griechischen versbaus überhaupt zu ermitteln. Und zu dem ende
wird es dienlich sein, den bestand ursprünglicherer formen
ohne rücksicht auf das nähere ziel rasch zu durchmustern.

---

[40] Die beiden letzten verse (15 f.) sind ein unorganischer zuwachs; der passendste ort für sie war am schluss des ersten theils
(nach v. 8), vgl. das Martinslied bei Kuhn Märk. sagen p. 345 (Simrock p. 45); selbst im eingang liessen sie sich noch eher denken
als am schluss des ganzen.

Auf den alten weihinschriften [41] wird gerne der alte kurzvers gebraucht. Obwohl die daktylischen gestaltungen vorherrschen, sind die verse doch keineswegs als daktylische gebaut, sondern lassen durch die freiheit, mit der die senkung behandelt wird, das ältere gesetz des alten hebungsverses noch durchscheinen, treten überdies gelegentlich in einer verbindung mit iambischen oder trochaeischen reihen auf, welche uns nöthigt beide arten gleichzustellen und auf dasselbe einfache schema zurückzuführen.

Auf der ehernen schneide eines kleinen beils, das in Calabrien gefunden wurde (*IGA* 543) hat ein metzger eine weihung eingraben lassen, deren metrische anordnung wohl nur so gedacht gewesen sein kann

Τᾶς Ἥρας ἱαρός εἰμι   _⏑_⏑⏑⏑⏑⏑
τᾶς ἐν πεδίῳ·   ⏑⏑⏑⏑⏑⏑
ϟυνίσκος μ' ἀνέθηκε   ⏑⏑⏑⏑⏑⏑⏑
ὥρταμος ϝέργων δεκάταν.   ⏑⏑⏑_⏑⏑⏑⏑

Dass sie verse gibt oder geben sollte, sieht man sowohl an der wortstellung als an dem ausdruck ϝέργων δεκάταν. In der that machen sich die alten rythmen so deutlich bemerkbar, dass sie kaum eines commentars bedürfen. Die drei ersten verse haben je drei hebungen, der erste und dritte mit dem nebenton; das ganze schliesst mit einer reihe von vier hebungen. Die senkung ist noch nicht fest geordnet; im anlaut wird sie ebenso durch eine länge (v. 1) wie durch eine kürze (3) gebildet; sie kann wegfallen sowohl im anlaut (v. 2, 4) als im inlaut (v. 2, 3 beide mal nach der ersten hebung). Jeder vers ist

---

[41] Schon Bergk hat in seiner abhandlung über den hexameter viele derselben herangezogen. Ich verweise auf dieselbe (Kl. schrr. 2, 398 f.), um nicht wiederholen zu müssen, was er bereits gegeben.

durch einen daktylus beschleunigt. Aber der vierte beginnt mit gehaltenen trochaeen.

Ein zunftverwandter des Kyniskos drückt sich auf einer bronzetafel von Epidauros, der ältesten bisher dort gefundenen [42], so aus

Καλλίστρατος ἀνέθηκε | τῶι ’Ασκλαπι[ῶ]ι ὁ μάγιρος.

$$\_\iota\cup\acute{\cup}\cup\iota\acute{\cup} \mid \_\iota\cup\iota\cup\iota\acute{\cup}$$

Er hat eine langzeile beabsichtigt; diese besteht aber aus zwei getrennten reihen von $3\frac{1}{2}$ hebungen, deren erste iambisch verläuft, während die zweite ein nach alter weise frei gebauter paroemiacus ist.

Eine inschrift von Akraiphiai in Boeotien (*IGA* 151 p. 49)

Κρίτων καὶ Θειόσδοτος || τῶι Δὶ τὠπωρῆι

ist ebenfalls, wie die zeilenabtheilung zeigt, als langzeile gedacht, zusammengesetzt aus zwei selbständigen gliedern, diesmal ohne eingemischten daktylus

$$\cup\iota\iota\_\iota\cup\iota \mid \_\iota\iota\_\iota\acute{\cup}$$

d. h. aus einem vollen und einem abgestumpften kurzvers.

Wir verstehen jetzt die beiden schlussverse der Thessalischen inschrift

ἀλλ’ αὖθε πὲρ γᾶς τᾶσδε
πολλὸν ἀριστεύων ἔθανε,

die schon oben s. 33 zergliedert wurden. Sie sind uns überaus wichtig, weil sie die rythmische gleichwerthigkeit des iambischen und daktylischen halbverses unmittelbar vor augen stellen. Zum abschluss wiederum eine volle reihe von vier hebungen, in ihren daktylen auf den vorangestellten hexameter zurückgreifend.

Durchgeführtere daktylen hat Hieron auf den zu Olym-

---

[42] Ephem. archaeol. 1885 p. 198 n. 101. Im zweiten glied ist krasis bei τῷ und hiatus vor ὁ zugelassen.

pia geweihten helm setzen lassen[43] in den schon durch
die zeilenabtheilung geschiedenen versen

Ἰάρων ὁ Δεινομένεος
καὶ τοὶ Συρακόσιοι
τῶι Δὶ Τυρράν' ἀπὸ Κύμας,

aber auch hier ist zweimal der trochaeus vertreter des
daktylus. In den kürzeren inschriften hängt es lediglich von
der beschaffenheit des eigennamens ab, ob der vers mit
senkung beginnt (paroemiacus), wie

Ποιμανορίδας μ' ἐπέδωκε (Thisbe, *IGA* 210α p. 56)
Νεοκλείδης ἀνέθηκεν (Athen, Ephem. arch. 1883 p. 36 n. 4)
Ἰ]εροκλείδης μ' ἀνέθηκ[εν (Athen, a. o. p. 36 n. 5),

oder ohne senkung, wie

Ἐγδήλου τόδε σᾶμα (Aigina, *IGA* 356)
Δαμοκρέων ἀνέθηκε (Melos, a. o. 420)
Ἰπ(π)οδρόμης τόδε δῶρον | Πεδιοῖ (*IGA* 519)
Ἀργύλης τόδε δῶ[ρ]ον | Πεδιοῖ (ebd. 520);

trochaeische füsse kommen auch hier vor

Πρίφων ἔπα[ξα •]ολώτα[44] (Aigina, *IGA* 555α),

unterdrückung der senkung: Διότιμός μ' ἐπέθηκεν (Aigina,
Kaibel n. 188).

Auch die liturgie der späteren zeit bewahrt den alt-
hergebrachten vers von vier hebungen. Aber das gerüste
ist formerfüllt, und aus einer mannichfaltigkeit von gebilden haben wir den einheitlichen grundplan herauszulösen.

---

[43] *CIGr* I n. 16 Kaibel n. 745 *IGA* 510 p. 146. Ueber das
metrum s. Welcker Syll. epigr. gr. p. 174 f. und besonders Bergk a. o.
2, 397. 404.

[44] Roehl p. 162 ergänzt ϛολώτα: aber dieser name lautete
Κωλώτας.

Die vier hebungen wahrt in daktylischem tetrameter ein
hymnus auf Artemis (pop. 3)

Ἄρτεμι, σοί μέ τι φρὴν ἐφίμερον

und katalektisch (ebend.) κρέμβαλα χαλκοπάρφα χερσίν,
in anapaestischer tetrapodie ein anruf des Dionysos (pop. 5)

Σεμελήι' Ἴακχε πλουτοδότα,

in trochaeen ein mysterienspruch (pop. 10)

Ἱερὸν ἔτεκε πότνια κοῦρον
Βριμὼ βριμόν   ∠ ∿ ∠ ∿

und durch einen daktylus beschleunigt der spruch nach
der spende (pop. 11) ἐκκέχυται. κάλει θεόν, in iamben
der spruch vor derselben (ebend.) τίς τῆδε; ‖ πολλοὶ
κἀγαθοί. Abgestumpft findet sich die reihe als paroemiacus
in dem Attischen hochzeitsspruch [45]

ἔφυγον κακόν, εὖρον ἄμεινον

und mit stumpfem ausgang (enhoplios) im paean auf Lysander (pop. 45); mit scheinbarem taktwechsel in dem
spruch an Aphrodite (pop. 4)

ἀνάβαλ' ἄνω τὸ γῆρας,
ὦ καλὰ Ἀφροδίτα.

Auch die von kirchenvätern aufbewahrten formeln späterer
mysterien sind nicht anders zu beurtheilen: der anruf des
Dionysos

Εὖαν δίκερως δίμορφε [46]

und der spruch der Attismysten [47]

---

[45] Zenob. prov. 3, 98 (Meineke zu Theokr. p. 458 n. 22), vgl.
Lobeck Aglaoph. p. 648.

[46] Firmicus Maternus 21, 2 p. 110, 6 Halm, vgl. Bergk *PL*
3, 658. Der daktylische tetrameter, den man aus Firm. 19, 1
p. 104, 28 hergestellt hat, ruht auf zu unsicherer unterlage. Anderes
zweifelhafte bei Bergk 3, 679 ff.

[47] Firmicus 18, 1 p. 102, 14 'in quodam templo, ut in interio-

ἐκ τυμπάνου βέβρωκα,

ἐκ κυμβάλου πέπωκα,

κεκερνηφόρηκα,

ὑπὸ παστὸν ὑποδέδυκα,

γέγονα μύστης Ἄττεως

könnten Anakreonteische dimeter sein, wenn nicht der letzte vers, der mit trochaeischer tetrapodie die reihe abgestumpfter verse voll abschliesst, eine richtigere auffassung lehrte; selbst unterdrückung der senkung ist einmal zugelassen, falls ich v. 3, wie ich überzeugt bin, richtig hergestellt habe.

Eine eigenthümliche umgestaltung hat der volle hebungsvers im cultus gefunden, indem man die anapaestische tetrapodie in einen iambus auslaufen liess, um den eindruck von dimetern anapaestischer systeme zu vermeiden. Lukianos hat einen chorgesang über die geburt der Podagra [48] in dieser versart gedichtet; den paroemiacus mischt er ein theils als epodos (zu anfang auch als proodos) theils auch geradezu als gleichberechtigten stellvertreter. Die weihinschrift des Diophantos an Asklepios [49]

ribus partibus homo introiturus possit admitti, dicit: De tympano manducaui, de cymbalo bibi et religionis secreta perdidici. quod graeco sermone dicitur Ἐκ... Ἄττεως (v. 1. 2. 5), zu ergänzen aus Clem. Al. protr. 2, 15 p. 5, 25 Sylb. τὰ σύμβολα τῆς μυήσεως ταύτης ἐκ περιουσίας παρατεθέντα οἶδ' ὅτι κινήσει γέλωτα . . . Ἐκ τυμπάνου ἔφαγον, ἐκ κυμβάλου ἔπιον, ἐκερνοφόρησα, ὑπὸ τὸν παστὸν ὑπέδυον. ταῦτα οὐχ ὕβρις τὰ σύμβολα, οὐ χλεύη τὰ μυστήρια; Die beiden hier erhaltenen sätzchen (v. 3 f.) brauchten nur ins perfect umgesetzt zu werden um verse zu bilden; nur musste ich κερνηφόρος neben dem üblichen κερνοφόρος voraussetzen, vgl. ἱερᾱφόρος (Lobeck z. Phryn. 665), θυηπόλος θυηχόος, σπονδηφόρος u. dgl.

[48] Luk. Tragopod. 87—111.

[49] CIA III n. 171 a (add. p. 488), Kaibel n. 1025 d im Rhein. mus. 34, 210 f.

besteht aus zwei dekaden solcher verse; das schema

$$\breve{\smile}\breve{\smile} - \smile\smile - \smile\smile - \smile\times$$

ist rein durchgeführt, nur die erste dekade wird durch
einen wirklichen anap. dimeter abgeschlossen. Der liturgische charakter des verses, der mit dem gang eines po-
dagristen wenig gemein hat, steht fest durch die anwendung, welche davon im psalm der Naassener [50] gemacht
ist. Der paroemiacus dient dort als abschluss der reihe,
erscheint aber auch innerhalb derselben (20 f.) ; der anapaestische fuss kann durch iambischen ersetzt werden (v.
14 f., 17): merkwürdig sind die vorausgehenden kürzeren
zeilen von 3½ und 3 hebungen (8—10); wenn ich sie
richtig beurtheile, ist darin alter wegfall der senkung zugelassen. Ganz gleichartig hat Synesios drei hymnen
(7—9) in anapaestischen tripodien mit schliessendem iam-
bus gebaut und hyperkatalektische dimeter ($\breve{\smile}\breve{\smile} \perp \smile\smile \perp \times$)
eingemischt [51].

Wir sehen, es berührt sich hier anfang und ende.
Der paroemiacus, der vorläufer des hexameter, ist noch
christlichen hymnendichtern bis um die wende des IV und
Vten jahrhunderts geläufig; sie haben ihn aus cultusliedern
der heidnischen 'Hellenen' aufgenommen. Auch im volkslied mochte er noch spät vernehmbar sein. An der küste
des meerbusens von Astakos war die sage, dass Dionysos
bei seiner epiphanie durch einen delphin ans land getragen

---

[50] bei Hippolytos adv. haer. V 10 p. 122 Mill. Die behandlung des psalms bei W. Christ Anthologia gr. carminum christiano-
rum p. 32 kann ich nicht billigen; einen eigenen versuch der herstellung habe ich im anhang dieses abschnitts gegeben. Der dichter
steigt von anap. hexapodien herab zu pentapodien, dann tetrapodien;
alle diese reihen sind mit demselben iambischen ausgang gebaut.

[51] Syn. hymn. 9, 45 πλήσασα ῥόου πυρός (näml. σελήνη τὸ
κέρας) ist zu verbessern πλήσασ' ἀθρόου π.

werde, in der zeit zwischen dem jahr 312 und 327 auf
den märtyr Lukianos übertragen worden: dort hörte der
berichterstatter, den Symeon der metaphrast ausschreibt,
ein schriftsteller etwa des fünften jahrh., in seiner jugend
ein volksthümliches lied auf den h. Lukianos, dessen
schlussverse er mittheilt[52]

> δελφὶς δ' ἐπὶ νῶτα κομίζων
> ἐξέπνευσε φέρων ἐπὶ γαίην.

Man könnte auch den zweiten vers leicht zu einem richtigen paroemiacus gestalten, wenn man ἔκπνευσε schriebe.
Aber das volkslied schliesst, wie wir oft wahrgenommen,
eine reihe abgestumpfter verse gern durch eine volle zeile
zu vier hebungen ab; wir dürfen darum dies jüngste zeugniss altgriechischen versbaus hinnehmen, wie es uns ge-
boten wird.

Wir haben die volksthümliche und die liturgische
dichtung der Griechen beherrscht gefunden von den gestaltungen des alten europäischen kurzverses; trotz des
einflusses, den auf ihn ein entwickeltes rythmisches gefühl
und die kunstdichtung ausgeübt, konnten wir nicht selten
metrisch verschiedene formen als gleichwerthige mit einander wechseln sehn. Und die kunstmässige lyrik sollte
von einer anderen quelle genährt worden sein? Sicherlich nicht die dichtung des Archilochos, des Alkman, der

---

[52] Symeon met. bei Migne Patr. gr. t. 114, 413c καὶ αὐτὸς
δὲ ἔτι ἐκ παιδὸς οἶδα ᾀδόμενον ἐπ' αὐτῷ, οὗ τὸ ἀκροτελεύτιόν
ἐστι τόδε Δελφὶς κτλ. Migne hat dies heiligenleben nach einem
cod. Coislin. 146 des zehnten jahrh. abgedruckt; ich habe in den
Pariser hss. 1480 und 1484 den wortlaut beider verse vollkommen
übereinstimmend gefunden, auch die form γαίην; nur fügt n. 1484
nach dem letzten wort die interpolation νεκρόν hinzu. Das alter
der legende habe ich im Weihnachtsfest abschn. VII nachgewiesen.

Lesbier. Ich müsste eine metrik dieser dichter schreiben, wenn ich im einzelnen den nachweis liefern wollte, dass ihre formen grössten theils aus dem volksthümlichen versbau abgeleitet sind. Aber es ist bekanntes und leicht erkanntes, auf das ich mich hier zu stützen habe; so kann ein gedrängter überblick genügen. ·

Archilochos hat in seinen ungleichartigen langzeilen (asynarteten) das erste glied meist mit vier hebungen, daktylisch ($-\bar{\smile\smile}-\smile\smile-\smile\smile-\smile\smile$) [53] und iambisch (dimeter), zuweilen auch abgestumpft ($\bar{\smile}\bot\smile\smile\bot\smile\smile\bot\bar{\smile}$) gebaut; für das zweite glied wählt er die volle trochaeische tripodie (ithyphallikos): aber er setzt auch die abgekürzte trochaeische tetrapodie nach iambischem dimeter (fr. 120) und nach daktylischem trimeter (fr. 85), zum beweis dass sein ithyphallikos · ein vers von $3^{1}/_{2}$ hebungen war. Als epodos verwendet er den iambischen dimeter; wiederholt aber auch den verkürzten daktylischen trimeter, die pentameterhälfte, die auch auf inschriftlichen epigrammen als schlussvers noch spät gebraucht ist [54].

Die aeolischen dichter haben die ganze mannichfaltigkeit ihrer logaoedischen tetrapodien und tripodien dem volkslied entlehnt. Sappho ist am reichsten an solchen gebilden; mag sie jünger an jahren gewesen sein als Alkaios [55],

---

[53] dass diese tetrapodie selbständige form des kurzverses war, zeigt, wie auch Bergk *PL* 2, 417 anerkannt hat, das fr. 115

καὶ βήσσας ὀρέων δυσπαιπάλους, | οἷος ἦν ἐπ' ἥβης,

wo der ausgang des vierten daktylus indifferent ist (syllaba anceps); man wird erinnert an die *versi sdruccioli* der Italiäner.

[54] Archil. fr. 89. 93. 104. Auf inschriften wird die zweite hälfte des pentameters als clausula verwendet bei Kaibel n. 330, 7. 379, 5 und in dem späten und schlechten epigramm 947, 10. Ueber den gebrauch in der chorischen poesie s. W. Christ Metrik § 187.

[55] stark genug, um einen heirathsantrag unmöglich zu machen,

in ihren formen ist sie alterthümlicher. Da haben wir den
kurzvers noch in seinem ältesten umfang nicht nur in den
beiden letzten zeilen der Alcaeischen strophe, sondern auch

⏑⏑⏕⏑⏑⏕⏑⏑⏑⏕⏑⏑⏑   Alk. fr. 47

⏑—⏑⏑⏑⏑⏑⏑⏑—   Alk. 64

⏑⏑⏑⏑—⏑—⏑⏑⏑⏑—   Sappho fr. 27

—⏑⏑⏑⏑⏑⏑⏑⏑⏑⏑   S. 53

⏑⏑⏑⏑⏑⏑⏑⏑⏑⏑⏑   S. 98

—⏑—⏑⏑—⏑—⏑   S. 105;

die letzte senkung ist geschwunden im glykoneus (S. 46
usw. A. 82); die vierte senkung sinkt zu halbbetontem
auslaut im pherekrateus (S. 45) und in versen wie

⏓—⏑⏑—⏑—⏓ (S. 52) d. h. paroemiacus

⏑⏑⏑—⏑⏑⏑ und ⏑⏑⏑⏑⏑ (Alk. 54),

und fällt in verschiedenen formen auch ganz weg, wie

⏑⏑——⏑⏑—⏑— (Alk. 43 S. 45. 48. 96)

—⏑⏑—⏑⏓ (S. 107 f.)

⏑—⏑⏑—⏑— (S. 50).

Der freien beweglichkeit des daktylus in diesen formen hat
sich selbst die chorlyrik des dramas nicht ganz begeben.

Es bedarf nur eines hinweises darauf, dass auch die
entwickeltere lyrik diese und ähnliche formen sich nicht
hat entgehen lassen. Man prüfe das prächtige skolion vom
krebs und der schlange[56], man durchmustere die kurzzeilen Alkmans. Selbst die elemente, aus denen sich die dorische strophe aufbaut, der verdoppelte epitritos und die

---

wie v. Wilamowitz urtheilt (Isyllos p. 126), kann der altersunter-
schied doch nicht gewesen sein; ihre verbannung ist im marmor
Parium ep. 36 zwischen ol. 43, 4 und 47, 3 verzeichnet, in demselben zeitraum musste auch Alkaios das vaterland meiden.

[56] bei Bergk n. 16 (3, 648); dazu ist die verwandte form bei
Arist. wespen 1245 zu stellen.

— 94 —

daktylische tripodie, sind aus demselben jungbrunnen geschöpft. Wer die dinge mit nicht verblendetem auge schaut, wird in vielen strophen selbst der tragödie die spur des alten schema auffinden, und es im übrigen nicht wunderbar finden, wenn die komödie, die naturgemäss zum volkston hinneigt, verwandte erscheinungen in fülle darbietet [57].

[57] so ist das hochzeitslied bei Ar. vögel 1731 ff. eine offenbare nachbildung des volksthümlichen hymenaeus. — Bei Eupolis in den Kolakes fr. 3 (Meineke 2, 487) Οὐ πῦρ οὐδὲ σίδηρος | οὐδὲ χαλκὸς εἴργει | μὴ φοιτᾶν ἐπὶ δεῖπνον ist an beiden stellen des Plutarch εἴργει überliefert; es liegt kein grund vor statt dessen ἀπείργει zu schreiben: die troch. tripodie ist der logaoedischen gleichgestellt.

Anhang (zu s. 90)

Psalm der Naassener

Νόμος ἦν γενικὸς τοῦ παντὸς ὁ πρωτότοκος νόος·
ὁ δὲ δεύτερος ἦν τοῦ πρωτοτόκου τὸ χυθὲν χάος·
τριτάτη ψυχὴ λελάβηκ' ἐργαζομένη νόμον.
διὰ τοῦτ' ἔλαφον μορφὴν περικειμένη
5 κοπιᾷ θανάτῳ μελέτημα κρατουμένη·
ποτὲ ⟨μὲν⟩ βασίλειαν ἔχουσα βλέπει τὸ φῶς,
ποτὲ δ' εἰς ἔλεον ῥιπταζομένη κλάει·

1 πρωτότοκος nach v. 2: πρῶτος die hs. πρώτιστος Miller 3 ψυχὴ λελάβηκ'] ψυχὴ δ' ἔλαβεν hs. ἐργαζομένην hs., verb. von Miller 4 τοῦτο hs. ἐλάφου Miller unnöthig, die structur ist gebildet nach ἐνδύεσθαι πίθηκον u. dgl. 5 viell. μελέδημα 6 μὲν mit Miller βασιλείαν hs. 7 ἐρριμένη κλαίει hs.

ὅτε κλαίεται χαίρει,
ὅτε κλαίει κρίνεται,
10 ὅτε κρίνεται θνήσκει·
ὅτ' ἐγίνετ' ἀνέξοδος ἡ μελέα κακῶν,
λαβύρινθον ἐσῆλθε πλανωμένη·
εἶπεν δ' Ἰησοῦς· ἐσόρα, πάτερ
Ζήτημα κακῶν ἐπὶ χθόνα
15 ἀπὸ σῆς πνοῆς ἐπιπλάζεται·
Ζητεῖ δὲ φυγεῖν τὸ πικρὸν χάος
κοὐκ οἶδε πῶς διελεύσεται.
τούτου με χάριν πέμψον, πάτερ·
σφραγῖδας ἔχων καταβήσομαι.
20 αἰῶνας ὅλους διοδεύσω,
μυστήρια πάντα δ' ἀνοίξω,
μορφὰς δὲ θεῶν ἐπιδείξω·
τὰ κεκρυμμένα τῆς ἁγίας ὁδοῦ,
γνῶσιν καλέσας, παραδώσω.

8—11 ὅτε] ποτὲ δὲ hs. Dass δὲ alle vier male interpoliert,
folgt aus v. 11 dessen metrum zweifellos ist 8. 9 wahrscheinlich
war gedichtet ὅτε κλαίει χαίρει, ὅτε χαίρει κρίνεται, und möglich
dass 8—10 in participien ausgiengen χαίρουσα usw. statt χαίρει
11 ποτὲ δὲ γίνεται hs. κακῷ hs. verb. von Miller 12 εἰσῆλθε
hs. verb. von Miller 13 εἶπεν διησοῦς ἐσὸρ ebenso 17 καὶ
οὐκ ebenso 21 πάντα διανοίξω ebenso 23 τὰ] καὶ τὰ hs.

VI

Auf weitem wege haben wir die geschichte des europäischen kurzverses verfolgt. Ueberall trat die kraft, die ihm den unterscheidenden stempel aufgedrückt, der hochton der hebung, in ihrer zerstörenden wirkung hervor; vieler orten, je nach dem maasse des einem volke einwohnenden formensinns, erblühte neues leben, indem das gerippe der hebungen sich mit wohlklingend geregeltem wechsel der senkungen belebte.

Allenthalben aber regt sich zeitig auch die neigung zur bildung von langzeilen durch verbindung zweier kurzverse. Die so entstandenen gebilde sind sämmtlich erst das ergebniss nationaler sonderentwicklung. Wie wir das bei den arischen völkern noch feststellen konnten, so liegt es in der entwicklung des deutschen versbaus offen vor augen. Die langzeile bildet sich hier naturgemäss, indem je zwei kurzverse durch den stabreim (alliteration) gebunden werden. Daraus konnte sich im munde der volkssänger die zeile der Nibelungenstrophe nur dann herausbilden, wenn schon vor dem zusammenwachsen zu zeile und strophe der alte kurzvers die verwitterung des auslauts erfahren hatte, welche die zahl der hebungen auf $3^{1}/_{2}$ und 3 verminderte. Es genügt diese beobachtung einmal zu machen, um die gleichartigen erscheinungen bei anderen völkern zu verstehen, den italischen saturnier, den griechischen hexameter und pentameter.

Wie noch um die wende des VII und VIten jahrhunderts auf der insel Lesbos der hexameter im munde des volks klang, entnehmen wir den resten von Sapphos hochzeitsliedern. Hephaistion [1] hat uns die wichtige nachricht erhalten, dass in einem derselben nach den einzelnen zeilen das meshymnion Ὑμήναον eingeschaltet war; und nach der festen überlieferung der handschriften, die in unkenntniss der sache selbst Westphal angetastet hat, waren es nicht hexameter, sondern daktylische kurzverse, welche durch jenen ausruf unterbrochen wurden:

Ὕψι δὴ τὸ μέλαθρον   Ὑμήναον
ἀέρρετε τέκτονες ἄνδρες   Ὑμήναον.
γάμβρος ἔρχεται ἶσος Ἄρευι   (Ὑμήναον)
ἄνδρος μεγάλω πόλυ μείζων   (Ὑμήναον).

Hier haben wir also die alten kurzverse noch leibhaftig. Je zwei derselben sind schon in nähere beziehung zu einander gesetzt, indem der erste mit hebung, der zweite mit senkung einsetzt; aber beide halten ihre selbständigkeit fest: ein vordervers (v. 3) vermag noch vier hebungen mit klingendem ausgang zu tragen. Der wechsel der senkungen ist geregelt, aber nicht soweit, dass nicht ein trochaeischer fuss (v. 1. 3) den daktylischen vertreten könnte. Diese volksthümliche freiheit können wir noch an einem zweiten fall wahrnehmen. In dem wechselgesang der mädchen und burschen, von dem uns Catullus (c. 62) ein abbild gerettet hat, stand auch der vers vom abendstern [2]

φέρεις οἶν, φέρες αἶγα, ‖ φέρεις ἄπυ ματέρι παῖδα:

---

[1] de poem. 8 ὅταν δὲ τὸ ἐφύμνιον μὴ μετὰ στροφὴν ἀλλὰ μετὰ στίχον κέηται περιλαμβανόμενον ἄλλῳ στίχῳ, μεσύμνιον καλεῖται τὸ ποίημα, οἷόν ἐστι τὸ παρὰ Σαπφοῖ (fr. 91) Ὕψι δὴ τὸ μέλαθρον ὑμήναον ἀέρρετε κτλ. Erst Bergk (Kl. ph. schrr. 2, 400 und PL 3, 119) hat richtig über dies bruchstück geurtheilt; geirrt hat er nur in der annahme dass v. 3 γάβρος mit zwei kürzen zu lesen sei.

[2] fr. 95 nach der schlagenden verbesserung Naucks Mél. gr. rom. 3, 109 und Bergks.

obwohl das gedicht hexametrisch war (fr. 93 f.), ist doch
hier der erste halbvers nicht an den daktylus gebunden.
Man bringt das vielleicht in zusammenhang mit der ana-
krusis der aeolischen logaoeden; ich kann darin nur die
nachwirkung des volksthümlichen versbaus sehn, dem bei
aller neigung zu gefälligem wechsel von senkung und hebung doch das wesentliche die zahl der hebungen blieb.
Diese thatsachen sind wichtig; sie zeigen uns dass,
wie es bei der selbständigkeit des kurzverses natürlich war
und durch die volksdichtung der verwandten völker bestätigt wird, die verschiedenen gestaltungen der letzten
hebung gleichzeitig in übung blieben. Ohne weiteres ergeben sich nun langzeilen der Sappho wie

ὄλβιε γάμβρε, σοὶ μὲν | δὴ γάμος ὡς ἀρᾶο (fr. 99)
und Παρθενία παρθενία, | ποῖ με λίποισ' οἴχῃ;
Οὐκέτι ἥξω, ⟨οὐκέτι ἥξω⟩ | πρός σε, οὐκέτι ἥξω (fr. 109)
als verwandte verbindungen des kurzverses, die letzteren
nach der formel $4 + 3\frac{1}{2}$ und mit fähigkeit zur unterdrückung
der senkung; verbindungen, die auch enger geknüpft werden können wie in

μελλίχιος δ' ἐπ' ἰμέρτῳ κέχυται προσώπῳ (fr. 100)
und οὐ γὰρ ἦν ἀτέρα πάις, | ὦ γάμβρε, τοιαύτα (fr. 106).
Es ergibt sich hier auch das verständniss der in dem
paean des Make[donios] auf Asklepios[8] befolgten metrik:
sieht man von den ungenügend erhaltenen versen ab, so
bleiben nur hexameter und daneben freiere langzeilen, in
welchen verbindung von formen des alten kurzverses unverkennbar ist; die pentameterhälfte wird als zweites glied
sowohl der daktylischen tetrapodie angefügt

6 παῖδα Κορωνίδος ἥπιον ἀνδράσι, ‖ δαίμονα σεμνότατον
11 σώζοις δ' Ἀτθίδα Κεκροπίαν πόλιν ‖ αἰὲν ἐπερχόμενος

---

[8] *CIA* III n. 171 *b* (*add.* p. 489), Kaibel n. 1025 *c* im Rhein.
mus. 34, 208 f., Bergk *PL* 3, 676 f.

als dem auftaktlosen paroemiacus

9 χαῖρε βροτοῖς μέγ' ὄνειαρ, ‖ δαῖμον κλεινότατε;

trochaeischer fuss wird von der grammatik gefordert

12 ἤπιος ἔσσο, μάκαρ, | στυγεράς δ' ἀπέρυκε νούσους;

so kann denn, mitten unter daktylischen langzeilen, der vers 10

Ἀσκληπιέ, σὴν δὲ δίδου | σοφίαν ὑμνοῦντας ἐς αἰ[εί

nicht als anapaestischer tetrameter, sondern nur als alter hexameter mit auftakt genommen werden.

Unter den gebilden, die bei der vielgestaltigkeit des kurzverses möglich und in dem ungebundenen volkslied zugelassen waren, ist der epische sechsfüssler nur eines von vielen. Die geordnete kunstübung der aoeden und rhapsoden hat zeitig die freie wahl auf wenige formen des abgestumpften kurzverses beschränkt. Neben dem paroemiacus mit beweglichem anlaut wurde nur noch die kürzere auf die dritte hebung ausgehende reihe _ ᴗᴗ _ ᴗᴗ _ zugelassen. Diese haben wir oben (s. 92 anm. 54) in selbständiger existenz kennen gelernt. Wurde sie mit sich selbst gedoppelt, so entstand der pentameter, der als kürzere langzeile in volksthümlichem gebrauch vorangehenden hexametern zum abschluss dienen konnte und auch, nachdem längst regelmässiger wechsel mit dem hexameter durch die elegie gesetz geworden war, noch lange gedient hat [4]; alterthümelnde versbauer durften sich erlauben pentameter geradezu als gleichwerthig mit dem hexameter zusammenzustellen [5]. Wurde jene kürzere reihe mit dem paroemiacus

---

[4] Inschriftlicher nachweisungen enthebt mich Kaibels übersicht im metrischen register seiner Epigr. gr. p. 701 f.

[5] Die fingierte weihinschrift des Herakles bei den Ainianen bei [Arist.] mirab. 133 p. 843ᵇ 27 lässt auf einen hexameter fünf pentameter folgen; vgl. G. Hermann Opuscc. 5, 180 f. Man darf dar-

vereinigt, so entstand die bekannte männlichere form des
hexameters; es liegt kein grund vor ihren gleichzeitigen
gebrauch neben der älteren form des hexameters, die in
den ersten abschnitten nachgewiesen wurde, in frage zu
stellen; nur dass die dritte senkung, der auftakt des paroemiacus, frei bleiben musste, so lange der hexameter nicht
zu einheitlichem daktylischem vers umgebildet war [6]. Die
überwiegende ältere gestalt des epischen verses ist nun
offenbar nichts anderes gewesen als eine doppelung des
paroemiacus

$$\check{\cup} \angle \cup \cup \angle \cup \cup \angle \check{\cup} \parallel \check{\cup} \angle \cup \cup \angle \cup \cup \angle \check{\cup}.$$

Der schwund des auftakts ist nicht nur bei vereinzelter
anwendung des kurzverses auf weihinschriften zugelassen
worden, sondern auch bei der zweiten hälfte der langzeile
in volksthümlichen hexametern [7] und in den freieren gebilden der Sappho (s. 98); und die chorische lyrik hat
ausgedehnten gebrauch von dieser auftaktlosen tripodie in
den dorischen strophen gemacht [8], wobei wir nicht übersehen wollen, dass neben der trochaeisch oder spondeisch
ausgehenden form die kürzere, mit der dritten hebung auslautende gleichberechtigt auftritt. Warum für die erste
hälfte der erzählenden langzeile der auftaktlose paroemiacus gewählt wurde, verstehn wir leicht. Die lange fortge-
setzte wiederholung der gleichen reihe drängte zur variation entweder des eingangs oder des ausgangs beider kurzverse. Es ist dasselbe bedürfniss, was die fortbildung des

---

aus immerhin einen schluss auf die formen alter weihinschriften in
dieser landschaft ziehn.

[6] beleg die altthessalische inschrift oben s. 32 f.

[7] weihinschriften s. oben s. 87 f., einen volksthümlichen hexameter der art s. 36 anm. 18.

[8] s. W. Christ Metrik § 188, vgl. oben s. 93 f.

indischen anushṭubh zum çloka herbeigeführt hat. Auch den saturnier hat es beeinflusst, nur gerade umgekehrt wie den hexameter: im saturnier ist es der zweite halbvers, den die neigung bestand ohne vorschlag, mit voller hebung beginnen zu lassen. Aber in diesen beiden langzeilen ist die abänderung im eingang vollzogen worden: der ausgang ist betroffen in der schon berührten nebenform des hexameters, dessen vordere hälfte auf volle hebung anstatt auf halbton auslautet, und wohl auch länger den auftakt zu bewahren vermochte [9].

Die selbständigkeit der beiden glieder des epischen langverses ist dem griechischen volke lange im bewusstsein geblieben. Selbst von der epischen dichtung ist sie eine gute zeit hindurch beobachtet worden. Dies ist um so bemerkenswerther, als auch bei der alten bauart sehr viele verse ungesucht nach dem gesetze des daktylischen hexameters verlaufen konnten, ohne dass eine fuge sich bemerkbar machte. Die häufigkeit solcher verse mag dazu beigetragen haben die vereinheitlichung der beiden kurzverse rascher herbeizuführen. Der epische vers war zum daktylischen hexameter zweifelsohne schon um die zeit geworden, als die thätigkeit der nach- und ausdichtenden sänger in blüthe trat, um den anfang der olympiaden. Die schichten des epos, in denen sichere fälle des älteren, loseren versbaues sich nachweisen lassen, können füglich nicht später als ins neunte jahrhundert oder in den beginn des achten gesetzt werden, ein stattliches alter. Wie viel immerhin die lange mündliche überlieferung und mehr noch die überarbeitung in den Homerischen dichtungen zerstört und verwüstet haben, so nöthigen uns auch die metrischen beobachtungen, die wir angestellt, zur achtung vor der zähen treue dieser überlieferung bis in kleines.

---

[9] vgl. den paean des Makedonios v. 10 oben s. 99.

Die geschichte des hexameters und seiner nebengegebilde, so weit wir sie überblickt haben, war geeignet uns von der richtigkeit der auffassung noch mehr zu überzeugen, dass die mannichfaltigkeit der griechischen versformen aus der einfachen gestalt eines kurzverses von vier hebungen sich herausgebildet hat. Die neigung zum wohlklang daktylischen gangs vertrug sich sehr wohl mit fortdauernder unbestimmtheit der senkung; der daktylus konnte wechseln, nicht nur, wie im hexameter, mit dem spondeus, sondern auch mit dem trochaeus: so erwuchs eine fülle wohllautender und darum auch gepflegter versgestalten, die wir der kürze halber logaoedische nennen mögen; wurde die senkung unterdrückt, so bildeten sich choriambische und ionische füsse: der asklepiadeische vers mit seinen 6 hebungen darf als ein zwillingsbruder des hexameters angesehn werden, und nicht minder der ionische tetrameter, mag er als galliambus, sotadeus und wie sonst auftreten: die sogenannte anaklasis zeigt in dieser beleuchtung ein zu ihrem vortheil, denk ich, verändertes gesicht. Das ist im einzelnen zu zeigen nicht dieses ortes. Ich begnüge mich, eine in volksthümlicher metrik gebaute inschrift aus dem Piraeus [10] ohne jedes weitere wort, nur mit versabtheilung zu gefälliger erwägung zu geben:

Πάντων ἀνθρώπων | νόμος ἐστὶ κοινὸς τἀποθανεῖν.
    Ἐνθάδε κεῖται Θεοίτης   ⏌ ⏑⏑ ⏌⏌ ⏑ ⏌ ⏤
παῖς Τελέσωνος Τεγεάτας Τεγεάτου
καὶ μητρὸς Νικαρέτης | χρηστῆς τε γυναικός.
Χαίρετε οἱ παριόντες, ἐγὼ δέ τε τἀμὰ φυλάττω.

Aber auch für die iambischen oder trochaeischen reihen muss die ursprüngliche und wesentliche gleichheit mit den daktylischen behauptet werden. Nicht selten wird auf in-

---

[10] Ephem. archaeol. 1885 p. 92.

schriften an den hexameter oder das elegische distichon
der iambische trimeter angeschlossen [11]; auf einer Attischen
inschrift aus der zeit des Peloponnesischen kriegs [12] auch
einem logaoedischen sechsfüssler ionischer art

'Αρχέδημος ὁ Θηραῖος ὁ νυμφόληπτος
φραδαῖσι Νυμφῶν τἄντρον ἐξηργάξατο.

Die langzeile selbst kann durch verbindung eines iambischen oder trochaeischen gliedes mit einem daktylischen
oder logaoedischen gebildet werden: in den ungleichartigen
langversen des Archilochos, wie in dem so unmittelbar an
den saturnier anklingenden

'Ερασμονίδη Χαρίλαε, | χρῆμά τοι γελοῖον (fr. 79 usw.) [13]

und πεντήκοντ' ἀνδρῶν λίπε Κοίρανον | ἤπιος Ποσειδῶν
(fr. 114), bei Phrynichos (fr. 2)

λάμπει δ' ἐπὶ πορφυρέαις | παρῇσι φῶς ἔρωτος,

im Eupolideischen vers

≠ ᴗ ‒ ᴠ ‒ ᴗᴗ ‒ | ≠ ᴗ ‒ ᴠ ‒ ᴗ ᴗ

usw. Die Lesbier haben in der Alcaeischen strophe die
beiden glieder auseinander gelegt, indem sie die letzten
zeilen mit bewahrung der vier hebungen so gestalteten

ᴠ ‒ ᴗ ‒ ᴗ ‒ ᴗ ‒ ᴠ

‒ ᴗᴗ ‒ ᴗᴗ ‒ ᴠ ‒ ≠.

Lehrreich ist auch Alkman; er hat denselben vers, den
uns Phrynichos kennen lehrt, nur ohne auftakt fr. 31; ein
besonders wichtiges actenstück ist mir fr. 60

εὕδουσιν δ' ὀρέων | κορυφαί τε καὶ φάραγγες,
πρώονές τε καὶ χαράδραι,
φύλλα θ' ἑρπετά θ' ὅσσα | τρέφει μέλαινα γαῖα,

[11] nachweise gibt Kaibel epigr. gr. p. 701 f.

[12] CIA I n. 423, Kaibel n. 762.

[13] dieselbe form ist auf einer Kyzikenischen weihinschrift an
Sarapis (Kaibel n. 874 a p. 633) durch acht verse fortgesetzt.

θῆρές τ' ὀρεσκῷοι | καὶ γένος μελισσᾶν
καὶ κνώδαλ' ἐν βένθεσσι | πορφυρέας ἁλός·
εὕδουσιν δ' οἰωνῶν | φῦλα τανυπτερύγων.

Besser als langathmige prüfung von einzelerscheinungen
vermag ruhige betrachtung und vergleichung dieser verse
das überall gleiche endergebniss zu bestätigen.

Ohne die geringste schwierigkeit lassen sich die üblichen langzeilen der griechischen poesie auf den ver-
doppelten alten kurzvers zurückführen: die trochaeischen,
iambischen und anapaestischen tetrameter. Bei allen drei
formen ist die katalektische bildung stets entweder (wie
bei den anapaesten) ausschliesslich angewandt oder über-
wiegend bevorzugt worden: auch hier wirkte das bedürf- ·
niss, den ausgang der beiden zu einer langzeile vereinig-
ten kurzverse verschieden zu gestalten. Die ursprüngliche
selbständigkeit der beiden glieder ist von der griechischen
technik, wie es scheint, vollständig aufgehoben worden;
in dem versbau des altlateinischen drama tritt sie wieder
hervor: die zulässigkeit des hiatus und kurzer silbe vor
dem anfang des zweiten gliedes der nicht mit caesur sondern in alter weise mit dihaerese gebauten verse beweist,
dass das erste glied als selbständige rythmische reihe
empfunden wurde.

Bedenklicher mag es scheinen, die gleiche ansicht
von der entstehung des iambischen trimeters auszusprechen.
Niemand kann ernstlich meinen, dass er aus zwei gliedern
von drei hebungen zusammengesetzt worden sei: wie hätte
ein griechisches ohr diese widerwärtigsten klapperverse
länger fortgesetzt ertragen? und wenn sie in gebrauch gewesen wären, wie hätte nicht vor allem bei ihnen das
oben beobachtete naturgesetz der variation sich geltend
machen müssen? Nein, wenn die vorgetragene ansicht

über den hergang der griechischen versbildung richtig ist,
so sind nur zwei möglichkeiten denkbar. Entweder das
erste der zwei glieder, woraus er zusammenwuchs, bestand
aus $3^1/_2$, das zweite aus 3 hebungen

$$\smile\,\angle\smile\angle\smile\angle\,\grave{\upsilon}\,\|\,\angle\smile\angle\smile\,\iota,$$

die alte fuge liegt dann nicht an der versstelle, wo die
ausgebildete kunst den einschnitt der caesur machte, sondern um einen trochaeus weiter, da wo man später nur
die nebencaesur (hephthemimeres) zuliess. Für diese annahme stehn uns thatsachen zu gebot wie die trochaeische
tripodie des ithyphallischen verses, die so gern einem daktylischen kurzvers als zweites glied und dem iambischen
trimeter als epodos angefügt ward [14] und in letzterem falle
das zweite glied des trimeters voller ausklingend wiederholt. Oder aber das erste glied war eine alterthümlichere
gestaltung des kurzverses von $3^1/_2$ hebungen mit einer
unterdrückten senkung und das zweite bestand aus vier
hebungen in der form einer katalektischen trochaeischen
tetrapodie :

$$\angle\angle\smile\angle\grave{\ }\,\|\,\angle\smile\angle\smile\angle\smile\acute{\grave{\ }},$$

dann würde auch von der vollendeten technik die alte fuge
als caesurstelle festgehalten sein.

Wir dürfen hoffen dass in den ältesten uns erhaltenen iamben die spur des ursprungs nicht ganz verwischt
sei. Es mag als zufall betrachtet werden, dass der einzige
iambische vers des Margites, der uns direct bezeugt ist,
dem ersten schema entspricht

φίλην ἔχων ἐν χερσὶν | εὔφθοττον λύρην,

ebenso wie der alte bustrophedon geschriebene grabstein
aus Arkesine auf Amorgos

---

[14] troch. tripodie als zweites glied von asynarteten oben s. 103
vgl. 92 ; dem iambischen trimeter epodisch angefügt bei Bergk pop. 46.

Δημαινέτης ἐμὶ μνῆμα | τῆς Λαμψαγόρεω [15].

Aber nicht zufällig kann es sein, dass in den fragmenten des Archilochos dieser bau des trimeters nicht selten ist: unter 52 vollständig erhaltenen trimetern befinden sich ungefähr 19 mit der alten fügung, 33 mit der üblichen caesur gebaute, und bei den epodischen resten halten sich beide arten ungefähr das gleichgewicht [16]. Noch das von Semos dem Delier aufgezeichnete einzugslied der phallophoren, obwohl weder alt noch auch volksthümlich, kennt in seinen 4 bezw. 5 trimetern nur caesur an siebenter stelle [17].

An den übrigen trimetern des Archilochos lässt sich die regel nicht verkennen, dass der einschnitt nach der dritten senkung (caes. penthem.) beschwerten auftakt oder spondeus im ersten fuss verlangt [18], z. b.

fr. 24 καὶ δὴ 'πίκουρος | ὥςτε Κὰρ κεκλήσομαι.

Diese beobachtung erhält gewicht durch die ergänzende thatsache, dass umgekehrt bei jenen mit älterer fügung gebauten versen reiner iambus im ersten fuss zwar nicht an sich nothwendig und verbindlich, doch sehr häufig ist [19], wie

15 Ephem. archaeol. 1884 p. 86.

16 fr. 86—97. 104. Unter den 15 vollständigen haben 7 caesura hephthem., 8 die penthemimeres; von den beiden unvollständigen versen fr. 96, 2 und 97, 1 ist aber gerade so viel erhalten um sicher zu erkennen, dass auch sie mit caes. hephth. gebaut waren.

17 Semos b. Athen. XIV p. 622ᶜ (Bergk c. pop. 8 p. 657); der fünfte vers ist unvollständig, wenn nicht epodisch: κατάρχομεν τὸν ὕμνον.

18 spondeus im ersten fuss findet sich bei dieser bauart in 26 unter 33 versen: fr.20. 21, 2. 4. 22. 23. 24. 25, 1. 3. 27, 2. 28. 30, 2. 31. 32, 2. 35. 36. 37. 38. 39, 1. 40. 43. 46. 86, 2. 87, 9. 88, 1. 89, 5. 104, 1.

19 ich zähle 10 fälle mit iambischem auftakt vor der hephthe-

fr. 87, 1 όρᾷς ἵν' ἔστ' ἐκεῖνος | ὑψηλὸς πάγος
88, 3 λεωργὰ καὶ θεμιστά, | σοὶ δὲ θηρίων:
hier braucht der auftakt nicht beschwert zu werden, der
vers rollt weiter bis zur vierten senkung: umgekehrt bedarf bei der üblicheren bauart die erste kürzere hälfte
einer beschwerung, um den vier hebungen des zweiten
gliedes das gleichgewicht zu halten. Iambischer auftakt
ist in solchen trimetern ausserordentlich selten; ich kenne
nur einen zweifellosen vers

fr. 45 τρίαιναν ἐσθλὴν καὶ κυβερνήτην σοφόν;
bei den wenigen weiteren ist der eingang entweder unsicher wie in fr. 92 und 95, oder durch leichte änderung
mit der regel in einklang zu setzen wie fr. 29, 1 (ἴσχουσα
statt ἔχουσα) und 89, 3 (ᾔει πίθηκος st. πίθηκος ᾔει);
man muss daher in dem vers fr. 94, 1

πάτερ Λυκάμβα, ποῖον ἐφράσω τόδε
trotz der interpunction den caesureinschnitt nicht nach der
dritten sondern nach der vierten senkung (ποῖον) ansetzen.
Und gesetzt auch dass von den 7 fällen [20] iambischen eingangs sich einige mehr als der zuerst genannte stichhaltig
zeigen sollten, so würden sie doch erdrückt werden durch
die überzahl von 26 versen · mit spondeischem eingang
(anm. 18) und nur als ausnahme gelten können.

---

mimeres fr. 25, 4. 29, 2. 33. 39, 2. 41. 87, 1. 88, 3. 89, 1. 93, 2.
96, 2 und dazu dürfen wir auch wie fr. 94, 1 (s. oben) so 27, 1
ἄναξ Ἄπολλον, καὶ σὺ | τοὺς μὲν αἰτίους stellen; der letzte vers
bleibt aber zweifelhaft, da er durch herstellung von ὦναξ leicht
auch volle berechtigung zur caesura semiquinaria erhalten würde.
Spondeischer auftakt vor der semiseptenaria findet sich 9 mal: fr.
21, 3. 25, 2. 29, 3. 32, 1. 34. 42. 91 (τοιήνδε —). 94, 3. 97, 3.
[20] der siebente fall fr. 44 μετέρχομαί σε σύμβολον ποιεύμε
νος erledigt sich vielleicht dadurch, dass der satz auf zwei verse zu
vertheilen ist μετέρχομαι || σὲ σύμβολον ποιεύμενος (epodos).

Archilochos ist also bei seiner behandlung des iambischen trimeters von volksthümlichen gestaltungen des
verses ausgegangen, welche die eine zu dem einschnitt
nach der vierten senkung, die andere zur caesur nach der
dritten führten; bei dieser zweiten bauart, die schon bei
ihm vorherrscht, hat er der alten werthung des vorder-
glieds

$$\iota\ \iota\ \smile\ .\iota\ \searrow$$

noch rechnung getragen. Wer einen einblick in die metrik
des Archilochos besitzt, wird nicht davon überrascht sein
ihn auf volksthümliche formen sich stützen zu sehn. Für
beide gestaltungen bietet er selbst variationen, welche auf
die gleiche quelle hinweisen: für die mit vollerem erstem
glied das sogenannte kopflose iambikon

fr. 99   Ζεῦ πάτερ, γάμον μὲν οὐκ ἐδαισάμην

$$\iota\smile\iota\smile\iota\,\grave{\smile}\ \|\ \_\smile\_\smile\_$$

für die mit vollerem zweitem glied den epodos einer aus
Horatius bekannten asynartetenstrophe

fr. 101   πολλὰς δὲ τυφλὰς ἐγχέλυας ἐδέξω
103, 2   πολλὴν κατ' ἀχλὺν ὀμμάτων ἔχευεν
116   ὄγμος κακῶν δὲ γήραος καθαιρεῖ

$$\iota\iota\smile\iota\grave{\smile}.\|\ \iota\smile\iota\smile\iota\grave{\smile},$$

selbstverständlich mit verbindlichem schwerem auftakt[21].
Die entstehung beider gebilde ist durchsichtig. Der fühlbare grössenunterschied der beiden glieder des trimeters

---

[21] Horatius hat den Archilochischen epodos mit strenger bewahrung ebenso des spondeischen auftakts wie des einschnitts nach
der dritten senkung nachgebildet *carm.* I 4: die einzige ausnahme
bildet v. 2 mit iambischem eingang *trahuntque*, der längst mit recht
beanstandet worden ist. Dies urtheil wird bestätigt durch die ab-
sichtlichkeit, mit welcher Horatius da wo er den Alkaios nachahmt,
in *carm.* II 18 (s. Caesius Bassus in Keils *GL* VI 270, 21) iambischen auftakt fast ausnahmslos (bis auf v. 6 und 34) durchführt.

wurde dadurch ermässigt, dass das längere glied um eine silbe vermindert wurde: das führte bei der bauart mit hephthemimeres zu dem trochaeisch anlautenden akephalon iambikon, bei vorangehendem kurzem glied zur abstutzung der sechsten hebung (dem katalektischen trimeter). Beide erscheinungen erhalten ihren zureichenden grund erst durch die vorausgesetzte geltung der alten hebungen. Es fehlt nicht an bestätigungen dieser voraussetzung. Sappho hat den katalektischen trimeter mit gleicher observanz angewandt

fr. 103 χαίροισα νύμφα, χαιρέτω δ' ὁ γάμβρος [22].

Iambischen auftakt hat zwar im katalektischen trimeter wie Alkaios (anm. 21) so Alkman [23] schon oft zugelassen; aber nach dem zeugniss Heliodors [24] hat nicht nur er sondern selbst Simonides den vierten fuss noch spondeisch gebaut wie

Alkm. fr. 4 καὶ ναὸς ἁγνὸς ‖ εὐπύργω Σεράπνας

6 χερσόνδε κωφὸν ‖ ἐν φύκεσσι πιτνεῖ:

mag nun das zweite glied _⏑⏑⏑⏑⏑ oder ⏑_⏑⏑⏑⏑ gemessen sein, das jedenfalls geht aus dieser erscheinung mit sicherheit hervor, dass der vers nicht nach dem metron des γένος ἴσον taktiert sondern in alter weise mit einer gewissen selbständigkeit der beiden glieder vorgetragen wurde. Entscheidend ist der umstand, dass wie alle beobachteten

---

[22] Philoxenos im Kyklops bildete ebenso οἴῳ μ' ὁ δαίμων ‖ τέρατι συγκαθείρξεν (fr. 9 p. 611), vgl. fr. 11.

[23] iambischer auftakt bei Alkman fr. 1, 3. 86 (zweimal), spondeischer ausser den oben genannten versen noch in fr. 7. Gebrochen wird der vers wenn der einschnitt nach der zweiten hebung eintritt wie in der aufschrift einer Korinthischen scherbe *IGA* p. 170 n. 36 a.

[24] Priscianus de metris Terentii p. 428, 16 Keil nach anführung von fr. 6 'quarto loco spondeum posuit (Alcman) — nam φυ producitur — teste Heliodoro, qui ait Simoniden hoc frequenter facere'.

gestaltungen des halbverses als selbständige rythmische glieder sich im gebrauch erhielten, so auch die kürzeste, die katalektische iambische tripodie in mannichfacher verwendung noch der dramatischen lyrik [25] geläufig blieb.

Das endergebniss unserer betrachtungen ist, dass sämmtliche langverse der griechischen dichtung von 8 bis 6 hebungen durch zusammensetzung zweier aus dem alten europäischen kurzvers abgeleiteter glieder geschaffen sind. Nur eine einzige gruppe metrischer gebilde ist von unserer erörterung nicht berührt worden, die elfsilbler oder pentapodien, wie sie besonders von der Lesbischen lyrik gepflegt und verbreitet worden sind. Es kann möglich scheinen, auch sie auf gleiche weise herzuleiten. In den eingangsversen der Alcaeischen strophe empfiehlt in der that die berücksichtigung der beiden schlusszeilen (s. 103) zu messen

$$\text{ⅹⅼ∪ⅼ⸌} \mid \_\∪∪\_∪\_,$$

d. h. die erste hälfte der zeile mit dem eben ermittelten ersten glied der mit caesur gebauten trimeter zu identificieren; die zeitige umwerthung dieses glieds ⅹⅼ∪ⅼⅹ [26] könnte zum bau ähnlicher reihen veranlasst haben. Ich vermag nicht diese ansicht zu vertreten. Auch die älteste eranische und indische, die litauische und slavische dichtung, um von den Romanen nicht zu reden, hat elfsilbler angewandt. Die möglichkeit muss offen gelassen werden, dass hier eine gesonderte metrische bildung vorliegt, welche die Lesbier aus der überlieferung des griechischen volksliedes hervorholten.

---

[25] nachweise bei W. Christ Metrik § 371.
[26] so bei Alk. fr. 18 f.

VII

Wir sehen nun wohl den formenreichthum der griechischen metrik mit anderen augen an. Diese schönen gebilde sind nicht freie schöpfungen einzelner dichterischer
genien, sondern geschöpft an dem ewig jungen und ver-
jüngenden born der volksüberlieferung. Formen werden
nicht geschaffen, sondern sie entstehen und wachsen. Der
schöpferische künstler erzeugt sie nicht, sondern bildet das
überkommene veredelnd um. Wer sie willkürlich schaffen zu können meint, übt nicht kunst sondern spielende
künstelei; sein gebilde zerstiebt, wie seine spur auf erden
erlischt. Was festgehalten wird vom volke, was fortlebt
und weiter wirkt, das war aus dem boden des volks er-
wachsen, ist blut von seinem blute.

Im eingang der griechischen litteraturgeschichte steht
wie eine einsam ragende säule Archilochos als kühner
schöpfer neuer dichterischer formen. Das alterthum be-
wunderte ihn neben Homeros als den einzigen, dem es
gelungen auf neugebahntem wege selbst bis zum ziele der
vollendung vorzudringen[1]. Sein verdienst wird richtiger
gewürdigt, nicht geschmälert, wenn wir in diesen neuen
formen die künstlerisch gestalteten und einem gesetze unter-
worfenen anläufe ungeregelten volksgesangs wieder erkennen.

Archilochos hat den regelmässigen wechsel von lang-
und kurzzeilen, die epodische compositionsform eingeführt
und scheint dadurch den grund zur strophischen lyrik ge-

---

[1] Velleius Pat. I 5, 2 'neque quemquam alium, cuius operis
primus auctor fuerit, in eo perfectissimum praeter Homerum et Ar-
chilochum reperiemus'.

legt zu haben; er hat der griechischen dichtung den iambischen trimeter und den trochaeischen tetrameter gegeben. Strophenbildung ist so alt als menschlicher gesang; die verbindung von drei kurzversen, zu langzeile und epodos vertheilt, erscheint schon im vedischen gâyatrî (s. 60).

Das alte in Kolophon entstandene epyllion Margites, das Aristoteles als das Homerische vorbild der darstellung des komischen schätzte, war zwar in hexametern verfasst, aber mit einmischung iambischer trimeter. Es ist uns bezeugt, dass Archilochos bereits dieser dichtung gedachte[2], und noch heute können wir beobachten, dass er dieselbe kannte und benutzte: an den drastischen, durchschlagenden spruch aus dem Margites[3]

πόλλ' οἶδ' ἀλώπηξ, ἀλλ' ἐχῖνος ἓν μέγα

lehnt sich offenbar Archilochos an in den worten fr. 65

ἓν δ' ἐπίσταμαι μέγα,
τὸν κακῶς τι δρῶντα δεινοῖς ἀνταμείβεσθαι κακοῖς;

in einem verlorenen epodos hatte er noch deutlicher darauf

---

[2] schol. zu Arist. eth. VI 7 in der Aldina f. 95ᵛ καί τινα ποίησιν Μαργίτην ὀνομαζομένην Ὁμήρου· μνημονεύει δ' αὐτῆς οὐ μόνον αὐτὸς Ἀριστοτέλης ἐν τῷ ᾱ Περὶ ποιητικῆς, ἀλλὰ καὶ Ἀρχίλοχος καὶ Κρατῖνος καὶ Καλλίμαχος ἐν τοῖς ἐπιγράμμασι, καὶ μαρτυροῦσιν εἶναι Ὁμήρου τὸ ποίημα. Vergeblich forderte Ruhnken zu Vell. I p. 20 dafür Ἀριστοφάνης; Bergk hat seine vermuthung ἀλλὰ καὶ Ἀρχιλόχοις Κρατῖνος (mit unmöglicher stellung des titels) selbst zurückgenommen PL 2, 480. Aus Brandis' papieren weiss ich, dass das scholion auch in der alten Pariser handschr. 1864 f. 122ᵛ sich findet: ὁ Μαργίτης Ὁμήρου ποίησις ἦν. οὗτος (Aristot.) ἐν τῷ ᾱ Περὶ ποιητικῆς μνημονεύει καὶ Ἀρχίλοχος καὶ Κρατῖνος καὶ Καλλίμαχος ἐν τῷ (sic) ἐπιγράμμασ•.

[8] Zenob. 5, 68 Πόλλ' ... μέγα: μέμνηται ταύτης Ἀρχίλοχος ἐν ἐπῳδοῖς (ἐπῳδῇ überliefert)· γράφει δὲ καὶ Ὅμηρος τὸν στίχον — natürlich nur im Margites, wie schon Bergk PL 2, 418 (fr. 118) bemerkt. Vgl. auch oben s. 49, 13.

bezug genommcn, vielleicht ihn wörtlich angeführt (anm. 3).
Der iambische trimeter war also schon vor Archilochos
fertig[4]. Auch für die epodische compositionsweise hatte
er am Margites ein litterarisches vorbild. Hier war die
kürzere iambische reihe freilich nicht mit der regelmässigen
wiederkehr strophischen baus sondern zwanglos eingemischt[5], um einem durch eine beliebige zahl von hexametern durchgeführten gedanken äusserlich fühlbaren abschluss zu geben. Den eindruck, den diese trimeter
machten, vermögen wir uns nicht sicher vorzustellen; aber
begreiflich wäre es, wenn sie sich zu der würde der vorangegangenen hexameter in komischen contrast setzten. Im
volksthümlichen versbau theilt mit dem iambischen trimeter
auch der daktylische pentameter diese ungezwungene epodische verwendung (oben s. 99. 103). Ich vermuthe, dass
diese verwendung der beiden kürzeren langzeilen heimisch
war in den oft obscönen spott- und schmähversen, die bei
gewissen cultushandlungen besonders der übelabwehr herge-
bracht waren[6]. Nur so erklärt sich einerseits die Iambe
der Demetersage, anderseits der name der kunstmässigen
verbindung von hexameter und pentameter: elegeion[7].

---

[4] Die alten wussten das: Atilius Fort. 10, 1 in Keils *GL* VI
p. 286, 9 und Marius Victor. III 11, 11 ebend. p. 133, 30 vgl. Aristoteles poet. 4 p. 1448[b] 30.

[5] Hephaestio de poem. 3 τοιοῦτός ἐστι καὶ ὁ Μαργίτης
Ὁμήρου· οὐ γὰρ τεταγμένῳ ἀριθμῷ ἐπῶν τὸ ἰαμβικὸν ἐπιφέρεται
vgl. Tzetzes in Cramers anecd. Paris. I p. 64, 14; weniger bestimmt
Marius Vict. I 21, 7 (*GL* VI p. 68, 14).

[6] vgl. Rhein. mus. 30, 225 f. O. Jahn in den berichten der
sächs. gesellsch. 1855 p. 93 f. u. a.

[7] Ἐλέγη heisst eine der rasenden töchter des Proitos: beide
töchter wurden mannstoll durch den zorn der Kypris und ἔδραμον
γυμναὶ μαινόμεναι (Aelian v. h. 3, 42). Aehnliches wurde von

Archilochos hat dann, wie schon der dichter des Margites, nach inhalt und form an herkömmliche cultuslieder angeknüpft. Die gestaltende kraft seines dichtergeistes werden wir so nur höher schätzen. Er hat, indem er an stelle zwanglosen beliebens feste regel setzte, allerdings neue formen für neuen inhalt geschaffen: der wechsel längerer und kürzerer reihen, oft mit umschlag des taktes, schmiegt sich den wallungen und antrieben der leidenschaft an, die bei ihm zum ersten male das wort erhält. Der selbst von Horatius erwähnte streit alter gelehrter über den urheber der elegie[8] muthet uns seltsam an; der diese anzahl epodischer gestaltungen in die litteratur eingeführt, Archilochos, muss auch für die vereinigung der zwei daktylischen reihen das anerkannte muster aufgestellt haben.

Nicht bloss in der kunstsinnigen auswahl der formen, welche die volksmässige behandlung des alten kurzverses zur verfügung stellte, sondern auch in der technischen be-

Neleus' tochter Ἐλεγηΐς erzählt, deren eigentlicher name Πειρώ war, einer ἄσωτος, ἧς καὶ ὁ πατὴρ ἤκουσεν ἐπικροτούσης τὸ αἰδοῖον καὶ βοώσης Δίζεο δίζεο δὴ μέγαν ἄνδρα κτλ. (nach der Milesischen gründungssage Et. M. p. 152 f. u. ἀσελγαίνειν vgl. ebd. p. 327, 11). Man kannte im alterthum die verwandtschaft von ἐλεγαίνειν (etymologisch gleich ἀσελγαίνειν, vgl. Σάλαγος σαλαγεῖν Σαλαβακχώ) = παραφρονεῖν mit ἐλεγεῖον, und erklärte darum den namen des metrum daraus, dass der Eretrier Theokles, der gründer von Naxos auf Sicilien, πρῶτος αὐτὸ ἀνεφθέγξατο μανείς (Et. m. p. 827, 8): beiläufig wird dadurch deutlich, wie die sage von Solons geheucheltem wahnsinn mit der elegie über Salamis sich verbinden konnte. — Meinem schwager C. Dilthey, dem ich vielleicht den ersten anstoss zu dieser erklärung verdanke, darf ich nicht mehr die verantwortlichkeit dafür zuschieben, da er sich längst zu einer ganz verschiedenen ansicht bekennt, s. Obss. crit. in anthologiam gr. (Göttinger progr. 1878) p. 4 anm.

[8] Hor. ars poet. 77 f. Didymos bei Orion p. 58, 8.

handlung derselben zeigt sich der geist des Archilochos. Er hat den iambischen und trochaeischen vers nicht hingenommen, wie der volksgesang sie ihm darbot, als vereinigungen von je zwei kurzversen von vier bis drei hebungen, sondern er hat sie zu rythmischer einheit ausgestaltet im iambischen trimeter und trochaeischen tetrameter. Beide versarten unterwarf er dem musikalischen rythmus; das verhältniss zwischen hebung und senkung 2 : 1 bezw. 1 : 2 wurde im sprachlichen stoffe streng durchgeführt: die kürze der senkung war die kleinste zeiteinheit, die länge der hebung also von doppelter zeitdauer, und demgemäss auch durch zwei kurze silben darstellbar [9]. Je zwei solcher füsse fasste er dann zusammen als kleinstes rythmisches ganzes : die dipodie wurde maasseinheit (metron). Das war eine unvermeidliche folge davon, dass mit dem musikalischen verhältniss des rythmus ernst gemacht ward : dieses liess sich nicht rein durchführen, ohne diesen versen einen halt- und ruhelos eilenden gang zu verleihen, wie wir uns an den künstlichen versuchen Catulls und seiner schulgenossen überzeugen können [10]. Indem die dipodie als maasseinheit genommen wurde, konnte der eine der beiden füsse desselben taktes beschwert, und so nach bedürfniss der gang des verses verlangsamt oder beschleunigt werden. Es entstand so ein schwerer und leichter takttheil, die gewissermaassen das rythmische verhältniss des fusses zu wiederholen schienen, nur umgekehrt : das iambische metron $\_\overset{\shortmid}{-}\smile\text{\rotatebox{180}{L}}$ stellt das trochaeische ver-

---

[9] auflösung der arsis ist von Arch. sowohl im iamb. trimeter (z. b. fr. 20. 21. 25, 3. 26), als im troch. tetrameter (fr. 58. 67. 71. 74, 2 usw.), sogar im ithyphallikos (fr. 80) zugelassen worden. In fr. 66, 5 hat er aber wohl nicht καταπεσών sondern καππεσών geschrieben wie 64 κατθανοῦσι.

[10] vgl. O. Ribbeck zu Horat. episteln p. 230 ff.

hältniss, das trochaeische ⏑⏑‖‿ iambischen gang dar.
Dass so recitiert wurde, zeigen beim trimeter die an erster
und fünfter stelle eintretenden wortfüsse, welche oft auch
durch widerstrebenden wortaccent die zeitdauer vermehren,
beim trochaeischen langvers die eigenthümliche erscheinung
des reims und der assonanz zwischen dem zweiten und
vierten fusse bei lateinischen komikern [11].

In diesen anordnungen verräth sich eine technische
einsicht, welche eine schon vorgeschrittene entwicklung der
musikalischen kunst vorauszusetzen nöthigt. Es ist wichtig,
dass Terpandros, der durch sein eingreifen in Sparta (anm.
15) zum ersten ordner der Hellenischen musik geworden ist,
nach dem urtheil der stimmfähigsten gelehrten des alterthums nicht vorläufer des Archilochos sein konnte. Aber
Terpanders heimathsinsel Lesbos war frühe eine pflege-
stätte der musik: an das gestade der 'heiligen Lesbos'
waren nach der sage haupt und lyra des Orpheus von
der meeresfluth getragen worden [13], und zu Antissa zeigte
man das grab des sängers. Sappho darf sich auf den
sprichwörtlichen vorrang der Lesbischen sänger berufen [14].
Von der hier heimischen kunst, die dann Terpandros fort-
bildete und weiter verbreitete, hat auch Archilochos gelernt. Es genügt zur stütze dieser behauptung die éine
erwähnung Lesbischer kunst bei ihm fr. 76

---

[11] s. Fleckeisens jahrb. 1873 b. 107, 175 f., auch Lorenz zu
Plaut. Pseudolus p. 39 f., 163 zu v. 662.

[12] s. O. Loewe in der s. 117 anm. 15 genannten schrift p. 19 ff.

[13] Phanokles bei Stob. flor. 64, 14 vgl. Ovid metam. XI 50 ff.
Das grab in Antissa: Antig. Car. mirab. 5, Nikomachos in Meiboms
mus. II p. 29.

[14] fr. 92 πέρροχος, ὡς ὅτ' ἄοιδὸς ὁ Λέσβιος ἀλλοδάποισιν,
worte die nichts rechtfertigt auf Terpandros zu deuten; anders
steht es mit dem sprichwort μετὰ Λέσβιον ψδόν.

αὐτὸς ἐξάρχων πρὸς αὐλὸν Λέσβιον παιήονα.
Muss Archilochos darum seine technische behandlung des
iambischen und trochaeischen metrums der Lesbischen
kunst entlehnt haben? Ich bin vom gegentheil überzeugt.
Jene technik steht in einem gewissen gegensatze zu den
Lesbischen traditionen, die der versbau der Sappho und
des Alkaios festhält. Wir haben die Lesbische musik nur
als die unterlage dessen zu betrachten, was Archilochos
geleistet.

Obwohl die flöte keineswegs, wie man wohl geglaubt
hat, den Griechen erst von ungriechischen völkern Vorder-
asiens, Phrygern und Lydiern zugeführt worden ist, sondern
seit alter zeit ihre feste stelle im cultus gehabt hat, so ist
doch zunächst allein den saiteninstrumenten (φόρμιγξ κιθάρα
λύρα) eine aufmerksamere pflege und durchbildung zu
theil geworden. An ihnen hat sich die musikalische technik
der Griechen entwickelt, vor allem die Lesbische. Wie
die antike arithmetik nie ganz aus den kleidern heraus-
gewachsen ist, die sie von der älteren schwester, der geo-
metrie überkommen hatte, so ist im gebiet der musik für
das geschichtliche verhältniss entscheidend, dass die cla-
viatur der blasinstrumente (αὐλοί *tibiae*) dem heptachord
entlehnt ist.

Das alte saiteninstrument der Griechen wurde nicht
gestrichen wie die altfranzösische *vielle* und die serbische
gusle, sondern geschlagen. Der Homerische sänger hat
seine laute schwerlich anders gehandhabt als um die versschlüsse und vielleicht einzelne hebungen zu markieren;
auch wenn er ihr eine dem vers silbe für silbe folgende
melodie entlockt hätte, würde seine begleitung nicht ver-
mocht haben die tondauer der einzelnen verssilben zu
regeln und zu bestimmen. Der geschlagene ton hat keine
dauer; der rythmus einer so vorgetragenen melodie liegt

in der wechselnden dauer der intervalle zwischen den einzelnen angeschlagenen tönen, und die gebietende rolle fällt
letzlich dem gesprochenen oder gesungenen worte, dem
sprachlichen oder melodischen rythmus zu. Die feste regelung
des musikalischen taktes kam wohl erst mit den dauer-
tönen der blasinstrumente, wurde wenigstens erst durch
sie zu einer unabweisbaren pflicht der musikalischen künstler.
In der that hat erst die flötenmusik bei den Griechen
schwierigere fragen des musikalischen taktes sich gestellt
und gelöst, wie die maasseinheit von ditrochaeen, paeonen
und ionikern: der fortschritt knüpft sich an die auletik, die
Olympos geübt haben sollte, und an die auf ihr beruhende
'musikordnung' (κατάστασις) des Thaletas von Kreta; er
wurde für die griechische kunst vollzogen durch die einführung der Gymnopaedien in Sparta, durch welche sich
Thaletas raum für seine neue richtung der musik schuf,
ol. 28 (665 v. Chr.)[15]; maassgebend konnte er erst für die
chorische lyrik werden, für die denn auch derselbe Thaletas
bereits den grund gelegt hat. Aber den anfang hatte
Archilochos gemacht in seiner gestaltung des γένος διπλάσιον; mir scheint es wichtig, dass er (oben s. 117) selbst
zur begleitung seines paean die flöte nimmt, die auch für
die elegie das obligate instrument war.

Es ist einleuchtend, wenn auch meines wissens weder
erkannt noch anerkannt, dass das verhältniss der dichtung
zu den begleitenden instrumenten von entscheidendem

---

15 Aristoxenos bei Plut. de mus. 9 bezeugt die einführung
der Gymnopaedien durch Thaletas (so wie für Terpandros die Kar-
neen ol. 26, 1 676 v. Chr. wenn auch nicht eingesetzt, doch geordnet worden waren, vgl. O. Loewe De Terpandri Lesbii aetate,
Hall. diss. 1869, p. 21 ff.); die zeitangabe in Eusebios chron. II
p. 86 f. Schoene: ol. 28, 4 nach der armenischen übersetzung, ol.
27, 4 (28, 1 Petavianus) nach Hieronymus.

einfluss auf die rythmische technik sein musste. Das un-
trügliche kennzeichen für die herrschaft des musikalischen
taktes sind die hebungen: werden sie dem letzteren unter-
worfen, so stellt die lange silbe der hebung zwei zeiteinheiten oder takttheile dar, und muss demnach durch zwei
kürzen vertreten, oder, wie wir zu sagen pflegen, in zwei
kürzen aufgelöst werden können. Das war wenigstens
theoretisch eine unabweisbare folgerung: in wie weit sie
in die praxis übergeführt werden konnte, das hieng von
dem grade der festigkeit ab, den die einzelnen versmaasse
erlangt hatten, bevor die musikalische technik sie ihrem
gesetz zu unterwerfen suchte. Wie hier der beweis liegt,
dass schon Archilochos seine iamben und trochaeen bereits
nach musikalischem verhältniss geordnet hatte, so ergeben
sich für die geschichte anderer maasse wahrnehmungen,
die den vorgetragenen ansichten zur bestätigung dienen.
Für den anapaest ist, so weit wir ihn in wirklichem gebrauch sehn[16], die rythmische werthung 2 : 2 niemals
zweifelhaft gewesen, und die dichterische praxis hat die
folgerungen des musikalischen takts vollkommen anerkannt. Der daktylus, nach musikalischer rythmik dem
anapaest gleichwerthig, konnte nach einem herkommen,
das im ältesten versbau begründet war, die beiden kürzen
durch eine länge ersetzen: der umgekehrten forderung
hat er stets widerstanden[17]; seine hebung ist so gut wie
nie durch zwei kürzen vertreten worden, selbst die chorische
lyrik hat in ihren zahlreichen daktylo-epitritischen strophen

---

[16] ich nehme dabei auf die beiden fragmente vermeintlicher
Tyrtaeischer marschlieder keine rücksicht (s. C. Goebel De correp-
tione Attica p. 9 anm.); in Stesich. fr. 18 oder 51. 53 und Ibykos
fr. 2 mag ein anderer echte anapaeste sehn, nicht ich.

[17] die verschwindend wenigen ausnahmen, wirkliche und schein-
bare, bei W. Christ Metrik § 178.

diese freiheit sich nicht genommen: der daktylus war als
feste form überkommen. Die aeolischen dichter führten
die logaoedischen gebilde ein; das musikalische taktver-
hältniss musste 2:1 sein und der daktylus als 'kyklischer'
fuss gemessen werden. Aber eine auflösung der hebung
in trochaeischen füssen, die als natürliche consequenz in
der chorlyrik des drama gar nicht unerhört war, haben
die Lesbier gewissenhaft gemieden, und doch war Archilochos mit der musikalischen regelung des γένος διπλάσιον
vorangegangen. Was war der grund? Und warum werden
die logaoeden so wenig wie die daktylen nach dipodien
gemessen? Diese logaoedischen reihen waren aus dem
vielgestaltigen formenreichthum des volkslieds von Lesbischen meistern hervorgeholt und gestaltet worden zu einer
zeit, als dort noch das saiteninstrument allein maassgebend
war, unzweifelhaft schon lange vor der zeit des Alkaios,
wie die spuren in asynarteten des Archilochos (s. 103)
zeigen. Und gestaltet sind sie worden in treuer anlehnung
an einen versbau, in dem die hebung trägerin des rythmus
war und die senkungen nicht gemessen wurden. In diesem
betracht sind die formen der Lesbischen dichter alterthümlicher als die des Archilochos selbst.

Die angleichung der metrischen formen an den musikalischen rythmus ist also bei den Griechen ein nachträg-
licher vorgang, dem durch die entwicklung der dichtung
bestimmte grenzen gesetzt waren. Die alten selbst waren
sich des unterschieds zwischen (musikalisch) rythmischem
und metrischem takt vollkommen bewusst [18]. So gewiss die

---

[18] vgl. Quintilianus IX 4, 45 ff. 'omnis structura ac dimensio
et copulatio uocum constat aut numeris (numeros ῥυθμοὺς accipi
uolo) aut μέτροις id est dimensione quadam. quod, etiamsi constat
utrumque pedibus, habet tamen non simplicem differentiam' usw.

technik des Archilochos und die strophengebilde der chorischen lyrik im musikalischen rythmus ihren zureichenden grund finden, eben so gewiss ist es eine verleugnung der geschichte, eine umkehrung des thatsächlichen verhältnisses, die gesetze Aristoxeneischer rythmik als die grundlage der griechischen metrik überhaupt zu nehmen. Alles zu seiner zeit. Was für die durchbildung der metrischen formen durch Archilochos, Terpandros, Thaletas, Lasos geleistet ist, wollen wir fürder nicht verwechseln mit dem, was das griechische volk geschaffen und seine dichter gestaltet haben.

Inhaltsverzeichniss

Register